I0051865

INVENTAIRE
V 37164

Exemplaire de remplacement
Celui du magasin
mq en place

LES DROITS

DES

INVENTEURS

Paris. — Typographie HENNUYER ET FILS, rue du Boulevard, 7.

BIBLIOTHÈQUE DES PROFESSIONS INDUSTRIELLES ET AGRICOLES.
Série I, N° 6.

LES DROITS DES INVENTEURS EN FRANCE ET A L'ÉTRANGER

Conseils généraux. — Brevets d'invention. — Péremption.
Vente. — Licences.
Exploitation. — Géographie industrielle.
Marques de fabrique. — Dessins. — Objets d'utilité.

PAR

H. DUFRENÉ

INGÉNIEUR CIVIL,
Ancien élève de l'École impériale centrale des arts et manufactures,
Un des rédacteurs des *Annales du Génie civil* et des *Études sur l'Exposition en* 1867,
Membre de la Société d'encouragement pour l'industrie nationale,
de la Société des ingénieurs civils,
de l'Académie nationale, — de l'Association scientifique,
de la Société des arts de Londres, etc.

PARIS
J. HETZEL ET Cie, ÉDITEURS
18, RUE JACOB, 18

D

Obte
vemen
mainte
assigné
Sauf
livré q
admini
l'inven
sérieux
soires.
En e
jours a

LES DROITS

DES INVENTEURS

EN FRANCE ET A L'ÉTRANGER

PREMIÈRE PARTIE

CONSEILS GÉNÉRAUX AUX INVENTEURS.

I

Obtenir un brevet d'invention est une chose relativement facile, mais ce qui l'est moins, c'est de le maintenir valable pendant toute la durée qui lui est assignée, et d'en tirer un parti avantageux.

Sauf quelques exceptions, un brevet est toujours délivré quand la taxe a été payée, et quand les formalités administratives ont été accomplies ; mais il dépend de l'inventeur que le titre obtenu lui confère un privilége sérieux, ou qu'il ne lui apporte que des garanties illusoires.

En effet, d'une manière générale, un brevet est toujours accordé aux risques et périls de l'inventeur, et ne représente, de la part du gouvernement qui le délivre, que l'acte de constatation d'une demande régulière. C'est donc dans la manière de présenter cette demande, dans la rédaction de la description, et dans la confection des dessins qu'on est obligé d'y annexer, que réside toute la question.

Il n'existe pas de loi qui n'exige de l'inventeur dans l'ensemble de ces documents, outre une fidélité absolue, une clarté suffisante pour mettre toute personne en état de construire la machine ou l'appareil, d'établir l'objet, ou de fabriquer le produit qui est le but de l'invention. Il ne faut pas oublier non plus que la description et les dessins sont des documents pouvant être produits en justice, et conséquemment susceptibles d'une interprétation rigoureuse. Il n'y a donc rien à négliger à cet égard, et il est regrettable d'avoir à signaler la légèreté avec laquelle sont souvent rédigées des pièces sur lesquelles peut reposer l'existence tout entière d'une industrie.

Comme nous nous adressons principalement aux inventeurs français, nous devons essayer de détruire deux opinions trop généralement répandues parmi eux, et qui ont eu souvent pour conséquence de faire tomber d'utiles inventions dans le domaine public, et de priver leurs auteurs du légitime avantage qu'ils auraient dû en retirer.

1° Beaucoup de personnes s'imaginent qu'en attendant le moment de demander un brevet ou dans le but de s'en passer, il est suffisant de faire le dépôt d'un modèle ou d'un dessin au greffe du conseil des prud'hommes. Bien que ces dépôts soient généralement acceptés, le greffier n'ayant pas qualité pour interpréter la loi, nous n'hésitons pas à déclarer formellement que, non-seulement *nulle protection* ne peut être la suite d'une pareille démarche [1], mais encore, qu'en raison de la publicité résultant souvent de la sécurité trompeuse qu'elle inspire, l'inventeur s'enlève le droit au brevet en privant lui-même son invention de son caractère de nouveauté.

L'accomplissement de cette formalité ne peut protéger que les dessins ayant pour but l'ornementation des tissus, papiers peints, verres, etc.

2° La seconde opinion contre laquelle nous voudrions réagir est la suivante : par suite des traités de commerce les brevetés français auraient à l'étranger le droit exclusif d'y demander des priviléges d'exploitation. C'est là une erreur, cause de bien des déceptions. Aucune loi internationale, aucun traité n'évoque cette question. Les lois qui régissent la matière dans les pays étrangers sont si différentes les unes des autres, qu'un accord à cet égard entre les gouvernements est en ce moment tout à fait impossible, et qu'il ne saurait avoir lieu dans l'avenir qu'à la suite de l'adoption d'une loi générale rédigée sur un plan adopté en commun, ce qui suppose une entente préalable dont il serait imprudent de prédire l'époque.

En fait, s'il y a quelques pays réservant au titulaire d'un brevet étranger pris antérieurement le bénéfice d'un droit exclusif, ils sont peu nombreux, et les pres-

[1] Arrêts de la Cour de Paris : 1er mars 1845 ; 11 août 1852 ; 15 février 1854.

criptions de leurs lois faciles à éluder. Il est plus prudent de poser ici un axiome que l'expérience a consacré, et qui peut se formuler ainsi : l'inventeur légal est celui qui prend le premier un brevet.

Nous n'en voulons pas contester l'iniquité, mais, ayant à donner des conseils de prudence, il nous semble qu'en présence de la difficulté d'établir des preuves certaines, il vaut mieux se dispenser à l'avance d'avoir à plaider pour la vérité, surtout à l'étranger et dans des conditions difficiles, pour ne rien dire de plus. La priorité des découvertes est peu aisée à établir, même quand elle se borne à un intérêt spéculatif; à plus forte raison il est difficile de prouver l'antériorité d'une invention au point de vue commercial, surtout quand les lois viennent faire du secret gardé par l'inventeur la condition de l'établissement de ses droits.

Il est une autre raison qui doit porter un inventeur à ne pas s'illusionner sur la portée d'un brevet pris seulement en France, c'est la publicité résultant du fait même de l'obtention de ce brevet. Tout le monde sait, en effet, qu'environ deux mois après la demande les documents produits sont livrés au public et n'appartiennent plus à l'inventeur. Dès lors tout le monde peut s'emparer de sa pensée, la porter à l'étranger, se l'approprier souvent, et, en tout cas, établir une divulgation qu'on viendra opposer au véritable inventeur le jour où, acquérant une confiance nouvelle dans les conséquences industrielles de sa découverte, il viendra demander aux lois étrangères un privilége exclusif d'exploitation.

L'absence de nouveauté, non pas de la nouveauté

suivant la justice et la raison, mais suivant le droit écrit inflexible, c'est là la ressource des contrefacteurs dans les actions en nullité, et la pierre d'achoppement où viennent se briser souvent les espérances des plus loyaux inventeurs.

II

Quand un inventeur s'est fait breveter en France, il arrive quelquefois qu'il n'a pas eu, lors de sa demande, ou les ressources suffisantes ou une assez grande confiance dans sa découverte pour demander aussi des priviléges à l'étranger. Si l'une de ces causes vient à cesser, si un premier succès vient l'encourager, il s'empresse alors de consulter, et bien qu'on ne puisse que rarement dire d'une manière absolue que le temps propice est passé, des circonstances spéciales permettent souvent d'affirmer que les demandes de patentes étrangères sont devenues inutiles. De là une nécessité absolue, avant même de prendre un brevet, de s'enquérir exactement des prescriptions des lois étrangères, et d'agir en conséquence.

Lorsqu'une découverte vient d'être faite, elle a toujours une période d'incubation à traverser avant d'arriver à sa maturité. Faut-il la faire breveter dans son état embryonnaire, ou est-il nécessaire d'attendre l'époque où elle approchera de la perfection relative pour demander le monopole de son exploitation?

La question ne peut être résolue *à priori* et dépend naturellement des circonstances spéciales de chacun des cas qui peuvent se présenter. Elle dépend, premièrement, de la nature de la découverte; secondement, de la somme que l'inventeur veut consacrer à s'assurer le privilége de son exploitation ; troisièmement enfin, du choix des pays dans lesquels l'inventeur veut être breveté.

Premièrement. — Quant à la nature de la découverte, il est évident qu'elle doit influer sur la détermination du moment précis où la demande doit être déposée. Il est de ces inventions pour la divulgation desquelles le titre est une révélation suffisante ; il en est d'autres qui arrivent d'un bond à leur maturité ; quelques-unes à l'égard desquelles certaines indiscrétions ont été commises ; d'autres enfin qui, faisant l'objet d'un concours ou d'une question à l'ordre du jour, doivent faire craindre pour leur auteur le résultat d'une lutte de vitesse. Il est évident que pour toutes celles-là les brevets doivent être demandés aussi vite que possible. Quand il s'agit de machines, d'applications de principes nouveaux ou peu connus, de découvertes enfin dont l'essence est un progrès continuel, ou qui nécessitent des perfectionnements journaliers et d'incessants remaniements, tantôt il est nécessaire d'attendre et de prendre alors toutes les précautions possibles contre les indiscrétions et la publicité, tantôt il faut se hâter et marquer, pour ainsi dire, chaque pas en avant par un brevet.

Secondement. — Quand l'inventeur dispose de ressources suffisantes, le mieux est toujours de ne rien attendre, et de se faire garantir tout de suite, sauf à prendre plus tard des brevets de perfectionnements ; mais quand le contraire a lieu, quand l'inventeur ne peut ou ne veut pas dépasser une certaine somme, il devient nécessaire de prendre beaucoup plus de précautions.

Troisièmement. — Le choix des pays vient alors influer sur la solution de la question. En effet, quand c'est sur un seul pays qu'on désire fixer ce choix, il s'en présente trois : la France, la Belgique et l'Italie, dans lesquels on peut toujours se faire breveter immédiatement : les lois de ces trois pays accordant des certificats d'addition pour un prix modique pendant toute la durée du brevet principal. Un quatrième, l'Angleterre, donne six mois à l'inventeur pour perfectionner sa découverte, et y apporter les modifications qui n'altéreraient pas le caractère de la demande primitive. Un cinquième enfin, les États de l'Amérique du Nord, donne à l'inventeur la faculté de déposer un *caveat* protégeant une invention naissante, et laissant un délai de deux ans pour faire la demande d'une patente définitive. Il faut cependant ajouter qu'aux États-Unis cette faculté est exclusivement réservée aux citoyens de l'Union et aux étrangers qui veulent le devenir ; quant aux étrangers ne résidant pas dans le pays, ils ne le peuvent faire qu'au nom d'un citoyen américain dans lequel il faut alors avoir la plus grande confiance, puisqu'il devient de fait le propriétaire de l'idée.

A l'exception des cinq États que nous venons d'énumérer, aucun pays n'accorde de brevets de perfectionnement à un prix inférieur à celui du brevet primitif ; si donc le choix de l'inventeur se porte sur ceux de cette dernière série, et qu'il ne veuille dépenser qu'une somme très-modique, il aura intérêt à attendre la maturité de la découverte avant de la faire privilégier, en prenant naturellement le soin de la tenir absolument secrète jusque-là.

Si l'inventeur veut se faire breveter dans plusieurs pays à la fois, ce qui est le cas le plus ordinaire pour une découverte de quelque importance, il ne doit pas perdre de temps pour y demander ses brevets, et nous conseillerons, en rappelant ce que nous avons dit plus haut au sujet de la publicité antérieure aux demandes de brevets, de suivre les principes que nous allons indiquer à l'égard de l'ordre à établir en pareil cas.

III

Il est une condition, inscrite dans toutes les lois, qui doit éveiller l'attention de l'inventeur voulant se faire protéger dans plusieurs pays ; cette condition peut se formuler ainsi : Quelle que soit la durée légale d'un brevet, il devient nul quand vient à expirer le brevet étranger antérieurement obtenu. Il y a donc intérêt, toute autre considération mise à part, à demander les brevets dans les pays où ils ont la durée la plus grande avant de les solliciter dans ceux qui assignent à ces priviléges un terme plus court.

La plupart des lois étrangères accordent, comme la loi française, un maximum de quinze ans. Celles qui donnent une durée plus grande sont peu nombreuses. En Belgique, les brevets d'invention pris en premier lieu dans ce pays n'expirent qu'au bout de vingt ans ; en Amérique, le maximum est porté à dix-sept ans ; ce sont là les deux seuls pays importants qu'on puisse citer à cet égard.

D'autres considérations peuvent aussi influer sur l'ordre à suivre dans le dépôt des demandes ; ainsi, certains pays, comme la Hollande et quelques-uns des

États de l'Amérique du Sud, par une disposition bizarre que rien ne motive ni ne justifie, annulent le brevet s'il est accordé au même inventeur pour le même objet dans un autre pays postérieurement au dépôt de la demande. Il n'y a d'autre parti à prendre alors que d'attendre pour faire cette demande (en Hollande, par exemple) que les brevets aient été sollicités partout ailleurs, ou bien, ce qui est plus expéditif et généralement préféré, de prendre le brevet hollandais au nom d'un tiers.

Il faut encore considérer que, dans certaines lois, dans la loi anglaise, par exemple, la chute d'un brevet étranger antérieurement pris, motivée par toute autre cause que l'expiration du terme qui lui est assigné, entraîne la déchéance du brevet anglais. Il y aura donc toujours intérêt, toutes choses égales d'ailleurs, à demander tout d'abord ses brevets dans les pays dont les lois accordent plus de facilités aux inventeurs pour l'accomplissement des formalités qui en empêchent la péremption.

Supposons, pour fixer les idées, qu'un inventeur veuille se faire breveter en Amérique, en Belgique, en France et en Angleterre, l'ordre à suivre sera : Belgique, Amérique, France, Angleterre. En effet la Belgique accorde un privilége de vingt ans aux inventeurs qui s'y font breveter en premier lieu, les dispositions de la loi sont les plus libérales qui existent, le prix en est insignifiant; la mise en exploitation n'y est exigée qu'un an après que la découverte, objet du brevet, aura été commercialement exploitée à l'étranger; les annuités y sont payables dans le mois de l'échéance, dans les six mois de la même date en ajoutant une faible amende ; enfin, l'inventeur qui y exploite ou qui y fait exploiter sa découverte, peut y introduire et y vendre ses produits brevetés fabriqués à l'étranger, sans invalider ses droits privatifs.

La patente des États-Unis devrait être demandée en second lieu, sa durée resterait de dix-sept ans, et comme la taxe entière est payée d'avance, il n'y a nulle crainte de la voir périmer par suite de retard dans un payement d'annuité ; l'exploitation n'y est exigée que dix-huit mois après la délivrance du titre, ce qui fait à peu près deux ans à partir de la demande, et constitue un délai assez large pour une invention réellement bonne et utile.

La France n'accordant qu'un maximum de quinze ans, la demande du brevet dans ce pays devrait venir seulement en troisième lieu. Chacun de ces trois brevets est relativement facile à maintenir valable ; celui d'entre eux dont la chute est le plus à craindre est le brevet français, une heure de retard dans le payement de la taxe annuelle entraînant une déchéance absolue. C'est sur l'existence de ces trois brevets que reposera la validité du titre anglais qui, en suivant notre hypothèse, devrait être demandé le dernier, la loi anglaise ne lui assignant qu'une durée de quatorze ans. Son maintien est, outre la condition d'existence des brevets préalables dont nous venons de parler, une simple question d'argent.

En suivant ces principes, on arriverait à déterminer l'ordre à suivre pour des groupes différents de pays, mais, quelle qu'en soit la composition, il est toujours bon de commencer par la Belgique si, d'après les intentions des inventeurs, elle est destinée à en faire partie. Il est bien évident que souvent d'autres considérations pourront être invoquées pour changer cet ordre, et qu'à chaque cas particulier correspondront des circonstances destinées à le modifier. Nous avons seulement voulu montrer l'intérêt qui s'attache à la détermination d'un ordre méthodique, et le désavantage qui est la suite du peu d'importance qu'on y met habituellement. Ainsi le plus souvent il paraît naturel de commencer par le pays où l'on réside, et l'on court tout d'abord au brevet français. A la vérité le mal ne sera pas bien grand si on veut se borner là, ou si l'on veut sacrifier l'avantage d'avoir cinq ans de plus en Belgique, deux ans de plus aux États-Unis, et se résoudre à payer d'avance plusieurs annuités afin d'avoir la certitude qu'un oubli, un voyage, une maladie n'empêcheront pas le payement annuel à son heure, et que la déchéance inévitable qui s'ensuivrait ne viendra pas faire crouler tout l'édifice.

IV

La nouveauté absolue d'une découverte est une condition indispensable pour la validité du titre qui doit la protéger dans la plupart des pays où il existe des lois sur la matière. Cette condition est presque toujours réalisée dans la pensée de l'inventeur véritable, bien qu'il arrive quelquefois qu'à son insu sa propre découverte ait déjà été faite par un autre. Cette circonstance se présente assez rarement, mais ce qui est plus fréquent, c'est de voir un plagiaire saisir l'occasion d'une indiscrétion volontaire ou non pour se substituer à l'inventeur, et le frustrer de ses droits.

Il y a donc un très-grand intérêt pour le véritable auteur d'une découverte à la maintenir secrète jusqu'à ce que le brevet soit demandé; mais il est bon aussi que cette demande soit précédée d'une enquête sévèrement faite, afin d'arriver à acquérir d'une manière aussi complète que possible la conviction qu'un inventeur plus heureux ne s'est pas fait breveter antérieurement pour la même découverte. S'il fallait faire cette recherche dans tous les pays où les lois de brevets le permettent, il faudrait y renoncer ; le temps et l'argent à consacrer dans ce cas seraient bien considérables. Nous conseillons, sauf des cas spéciaux, de borner cette enquête aux brevets pris en Angleterre et en France. Il est rare qu'une invention présentant quelque intérêt ne soit pas brevetée dans l'une au moins de ces deux contrées ; si donc le résultat de la recherche démontre que la découverte dont il s'agit n'a jamais été l'objet d'une demande de brevet en France ou en Angleterre, l'inventeur pourra avoir la conviction qu'elle est bien réellement nouvelle, et il lui sera permis de fonder sur son exploitation l'espérance légitime d'un profit rémunérateur.

En France, ces recherches préliminaires peuvent être faites sur deux sortes de documents : 1° les brevets eux-mêmes qu'on peut examiner au ministère de l'agriculture, du commerce et des travaux publics, jusqu'à ce que leur durée soit expirée, et au Conservatoire des arts et métiers quand ils ont cessé d'être en vigueur ; 2° les publications imprimées par ordre du ministre qui devraient contenir les descriptions des brevets ayant environ deux ans de date, mais qui en réalité sont toujours en retard d'un assez grand nombre d'années. Les titres eux-mêmes peuvent être consultés au ministère, mais il est interdit d'en prendre des copies textuelles ou partielles, une taxe de 25 francs étant affectée à une expédition officielle de chaque description. Un autre obstacle qu'on rencontre dans ces recherches, c'est que les catalogues contenant les titres des brevets récemment pris ne sont publiés que plusieurs mois après les demandes faites. Toutes ces entraves, dont l'insuffisance des crédits doit être seule responsable, rendent les recherches longues et pénibles, et enlèvent aux conclusions auxquelles on arrive le caractère de certitude qu'elles devraient présenter. L'absence de tout contrôle sérieux sur la concordance qui doit exister entre la description et le titre qui la résume, vient compliquer encore la difficulté, et contribue à égarer les recherches. Quelque nul que soit un brevet pris sous un titre inexact ou insuffisant, son existence même, par cela seul qu'il peut passer inaperçu, vient compromettre le résultat auquel on veut arriver.

En Angleterre, où un tout autre système est suivi, des sommes considérables ont été dépensées, environ 3 millions de francs, pour mettre les inventeurs en état de s'assurer si leur idée est réellement nouvelle. L'administration du *Patent Office* publie dans ce but : 1° un journal paraissant deux fois par semaine, et donnant la liste des demandes de lettres patentes, la date de l'accomplissement de chaque formalité, l'annonce du payement des taxes, la liste des patentes périmées par suite du non-payement de ces taxes, la liste des brevets pris dans presque tous les pays du monde, la traduction de toutes les lois étrangères et de toutes les instructions qui s'y rattachent, l'annonce de la publication officielle des spécifications, enfin une multitude d'avis utiles aux inventeurs ;

2° Les listes chronologiques, alphabétiques et par ordre de matières de toutes les patentes délivrées en Angleterre depuis le 2 mars 1617 ;

3° Les descriptions *in extenso* et les dessins de ces mêmes patentes depuis la même époque. Chacune de ces descriptions imprimées est reçue en justice comme un document authentique, et se vend séparément de 20 centimes à 1 fr. 50 c.; très-peu dépassent ce prix : leur nombre total est aujourd'hui d'environ 55,000;

4° Enfin les abrégés des descriptions de ces mêmes patentes demandées depuis 1617, présentant, pour un prix très-modique, l'histoire complète de chaque branche d'industrie.

Nous croyons inutile d'insister sur les avantages d'un ensemble aussi complet, et sur les facilités qu'il offre aux recherches dont nous parlons.

V

Quand on est en possession d'un brevet dans quelque pays que ce soit, il reste à en tirer parti, et à en empêcher la péremption.

Le défaut de nouveauté, la non-exploitation de la découverte dans le délai fixé, le manque de payement des annuités sont les trois causes principales de la déchéance des brevets. Nous allons les passer en revue.

I. L'absence de nouveauté est une cause fréquente de nullité, nous l'avons mentionnée plus haut. Dans beaucoup de pays, cette nouveauté n'est que relative, et ne s'entend que du défaut de notoriété de la découverte dans le pays dont il s'agit. Telle est la loi en Russie, en Angleterre, en Autriche, en Espagne, etc. En Prusse et dans beaucoup d'États allemands, la nouveauté doit être au contraire absolue, et la publication *imprimée* d'une découverte, dans quelque langue et à quelque époque que ce soit, suffit pour invalider les droits du titulaire du brevet.

La présence d'un brevet antérieurement pris dans un pays donné est quelquefois suffisante pour laisser à l'inventeur le droit de se faire valablement breveter dans un autre, bien qu'une certaine publicité ait déjà été donnée à la découverte dans le premier pays. Cependant c'est un principe dont on ne doit pas abuser, et la prudence consiste à faire la demande du brevet, même dans le pays où cette latitude restreinte est laissée au titulaire, avant que la publicité résultant du fait même du brevet étranger ait compromis la position de l'inventeur.

II. La mise en exploitation de la découverte est exigée partout, sauf en Angleterre, dans un délai plus ou moins long, qui date ordinairement de la délivrance du titre, et non du dépôt de la demande. Cette prescription, quelquefois difficile à satisfaire, est généralement adoucie par les habitudes de la jurisprudence, laquelle admet volontiers des circonstances qui en atténuent la portée, surtout quand l'inventeur justifie des causes de son inaction.

Dans certains cas particuliers, en effet, les essais sont longs, coûteux, difficiles ; quelquefois le public n'accepte des produits nouveaux que peu à peu ; souvent l'inventeur ne réalise pas immédiatement un capital suffisant pour marcher ; enfin beaucoup de découvertes ne peuvent être menées à bonne fin sans le consentement d'un tiers. Dans ce dernier cas, nous citerons comme exemple en France tout ce qui regarde les chemins de fer, la fabrication de la poudre, du salpêtre, du tabac, la marine militaire, l'artillerie, etc. Il est certain que les juges qui appliquent la loi ne peuvent faire de l'acceptation d'une découverte par le public ou du consentement de l'État et des compagnies une condition du maintien du privilége de l'inventeur.

Cependant, si l'exploitation est quelquefois impossible dans le délai légal, l'inventeur doit au moins tenter quelque chose; et la fabrication d'un petit nombre d'objets, d'une certaine quantité de produits, de modèles de machines et d'appareils, constitue déjà une présomption en sa faveur. Souvent cette mise à exécution du brevet n'est pas jugée suffisante, mais elle est toujours considérée comme nécessaire.

III. Le payement d'annuités ou de sommes déterminées à jour fixe est une prescription qu'on trouve dans toutes les lois, lorsque la taxe entière n'est pas exigée d'avance. Sauf en Belgique et en Italie, le défaut ou le retard de payement de ces sommes entraîne une déchéance absolue.

Telles sont les trois principales causes de la péremption des droits de l'inventeur, et on doit leur accorder la plus sérieuse attention.

VI

Quand il s'agit de vendre un brevet, le titulaire et l'acquéreur présumé ont tous deux intérêt à en examiner la validité : le premier, parce qu'en cas de nullité du titre, le concessionnaire pourrait lui intenter un procès ; le second, parce qu'il est essentiel pour lui de savoir ce que vaut, au point de vue légal, le brevet qu'il veut acheter et sur lequel il va fonder une industrie nouvelle.

Un examen de la validité du titre est donc alors généralement nécessaire, il l'est surtout quand la demande a été déposée sans avoir été précédée des recherches préliminaires dont nous avons parlé plus haut. Il faut donc s'assurer si, antérieurement à cette époque, l'invention était connue ou brevetée, si les annuités ont été régulièrement payées, si l'exploitation a eu lieu en temps utile, si la description en est claire et suffisante, si les dessins ont été convenablement faits, enfin si l'ensemble des documents annexés à la demande permet à un homme du métier d'exécuter l'objet de l'invention.

Si toutes ces questions sont résolues favorablement, le brevet peut être considéré comme valable. Il y a cependant, relativement aux brevets français, une clause restrictive dont il est difficile de contrôler l'observation, c'est celle de l'article 32, qui ôte à l'inventeur le droit de faire pénétrer lui-même sur le territoire français des objets fabriqués à l'étranger et semblables à ceux décrits dans son brevet. Cette prescription n'a qu'une importance secondaire dans la plupart des cas quand le breveté est établi en France ; mais s'il est étranger on doit y veiller avec plus de soin. Il y a là, en effet, une raison toute naturelle pour motiver l'introduction en France de ces objets, qu'il lui est plus facile de faire faire devant lui, tandis que leur fabrication en France serait en général beaucoup plus onéreuse.

Le brevet étant supposé bon et valable, il s'agit d'en tirer parti. Un grand nombre de combinaisons se présentent à cet égard, et c'est à l'inventeur à prendre conseil des circonstances, afin de déterminer la meilleure marche à suivre pour arriver à retirer de sa découverte tous les avantages qu'elle peut produire.

Le breveté peut vendre son privilége en entier pour une somme une fois donnée ou pour des annuités, en gardant ou non un intérêt dans l'affaire, mettre son brevet dans une société comme apport social, trouver un commanditaire fournissant des fonds et gardant une partie des bénéfices, fonder une société par actions pour exploiter sa découverte, vendre des licences d'exploitation pour telle ou telle partie du territoire, ou pour telle ou telle partie de l'invention.

Une cession totale est généralement préférée par les inventeurs ; elle est souvent moins lucrative, mais elle liquide tout de suite la situation et, si elle fait passer en d'autres mains l'avenir de l'affaire, elle a l'avantage d'affranchir le titulaire de toute préoccupation. Cependant une vente dans ces conditions ne réalise pas toujours les espérances du breveté, car le capitaliste ou le fabricant qui achète est généralement peu disposé à payer intégralement et de suite la somme demandée pour la cession du brevet, quelle que soit sa confiance dans la valeur de l'idée qu'il protége. Aussi le plus souvent l'inventeur se contente d'une somme un peu moindre et conserve un intérêt dans l'affaire. Il est toujours bon alors dans ce cas, si cet intérêt est compté sur le nombre de machines ou d'appareils fabriqués, ou sur la quantité de produits manufacturés, d'imposer au concessionnaire un minimum de fabrication ou, ce qui revient au même, le payement d'un minimum annuel. Nous devons cependant faire remarquer qu'en Angleterre surtout, un grand nombre de brevets se sont vendus un haut prix [1].

Les choses ne se passent pas tout à fait de la même manière, suivant qu'on a affaire à un capitaliste ou à un fabricant. Dans le premier cas, nulle remarque importante à faire ; l'achat d'un brevet est pour un capitaliste un placement de fonds, et le prix du brevet dépend pour lui de ses propres ressources et de sa confiance dans l'avenir de la découverte. Dans le

[1] Le brevet de M. Sorel, pour la galvanisation du fer, a été vendu en Angleterre par l'intermédiaire de notre office plus de 2 millions et demi de francs (100,000 livres sterling).

second cas, qui est de beaucoup le plus fréquent, les conditions deviennent très-variables, suivant les pays où l'on traite et les fabricants avec lesquels on entre en relations.

La concentration de l'industrie dans quelques mains est souvent favorable aux inventeurs, en ce sens que l'étendue du crédit et l'importance des affaires d'un grand manufacturier lui permettent de risquer une somme dont la perte entraînerait la ruine d'un petit fabricant. Toutes choses égales d'ailleurs, il est plus avantageux de posséder un brevet dans un pays où une industrie donnée est concentrée dans quelques établissements puissants et nécessairement rivaux, que d'en avoir un dans une contrée où elle est au contraire divisée en un grand nombre de petites fabriques.

Nous avons raisonné dans le cas d'une cession totale immédiate, mais si l'on veut céder par partie les droits que confère un brevet, les rôles changent dans un grand nombre de cas. Les pays où la fabrication est divisée offrent des ressources plus grandes pour la vente des licences, et le total de ces ventes s'élèvera souvent plus haut que le prix d'une cession totale, tandis que les contrées de grande concentration n'offriront pas un débouché aussi favorable à cette manière de tirer parti du brevet, l'importance des usines ne compensant pas sous ce rapport leur petit nombre.

Il est certain que ces remarques sont très-générales; plusieurs cas particuliers restent en dehors de la loi que nous posons, mais son évidence ne peut échapper à personne.

Quand l'inventeur s'associe avec son cessionnaire, le partage des bénéfices se fait dans une proportion qui ne peut pas être déterminée à l'avance, mais qui dépend de la nature et de l'importance de l'invention, ainsi que de la confiance réciproque des deux parties dans l'avenir de l'affaire. Cependant, s'il paraît naturel de penser que l'inventeur doive en avoir la plus forte part, il faut avouer aussi que celui qui avance les fonds ne peut être considéré comme un simple prêteur, dont les risques sont couverts par un gage. En général, quand l'inventeur consent à intervenir dans les bénéfices annuels en diminuant ses prétentions pour le prix total, il prouve la foi qu'il a dans sa découverte et peut, en provoquant une confiance réciproque chez son cessionnaire, accélérer la conclusion d'un marché avantageux pour tous deux.

Quel que soit le mode de cession qu'ait choisi l'inventeur ou qui lui ait été en quelque sorte imposé par les circonstances, il ne peut que bien rarement espérer tirer parti de son invention dans tous les pays du monde. Il faut pour cela une invention d'un caractère exceptionnel, une de ces idées qui opèrent dans l'industrie une véritable révolution. Tout ce qui concerne la consommation individuelle, les chemins de fer, les télégraphes, la marine, les machines à vapeur, etc., peut, il est vrai, être l'objet d'une cession avantageuse un peu partout ; mais on peut dire aussi que les brevets se placent avantageusement dans les pays qui produisent, et n'ont qu'une importance secondaire dans ceux qui consomment.

Il n'y a donc nul intérêt à se faire breveter dans les

contrées où l'objet de l'invention ne pourrait ni se vendre, ni se fabriquer ; et il importe à un inventeur, dès le début de sa marche en avant, de s'informer des pays où sont fabriqués les objets analogues à ceux qu'il a inventés, ou les machines semblables à celles qu'il a perfectionnées. C'est dans le but de le guider que nous avons présenté dans la troisième partie de cette brochure un tableau très-sommaire de la répartition géographique de l'industrie dans les principaux États d'Europe et d'Amérique.

Nous voulons seulement montrer que, dans chaque cas particulier, l'inventeur doit s'assurer des ressources et de la puissance de production de chacun des pays où il désire se faire breveter en ce qui concerne la branche d'industrie à laquelle se rattache sa découverte, afin de ne pas éprouver, au moment de tirer parti de son invention, des déceptions qui ne sont que trop fréquentes.

DEUXIÈME PARTIE

RÉSUMÉ SOMMAIRE DES LOIS SUR LES BREVETS D'INVENTION EN VIGUEUR DANS LES PRINCIPAUX PAYS INDUSTRIELS.

—

ANGLETERRE.

La loi actuellement en vigueur en Angleterre date du 1er juillet 1852[1]. Dans ce pays comme dans plusieurs autres, les brevets portent le nom de « lettres patentes royales. » Voici le résumé succinct des principales dispositions de la loi :

La première démarche à faire pour obtenir des lettres patentes consiste à déposer au « *Patent Office* » une demande portant le titre de l'invention, une description provisoire énonçant sa nature, et une déclaration faite par le pétitionnaire affirmant qu'il se croit le

[1] La première idée d'une protection remonte au règne d'Édouard III. V. *Year book*, part. IV, Edw. III, fol. 17-18; — et *Statutum de Stapulis* 27, Edw. III, st. 2. — La première loi formelle porte la date de 1623. V. Statut des monopoles, 21, J. I., c. 3.

véritable et premier inventeur de la découverte en question. En France, cette déclaration doit être faite devant un consul anglais par l'inventeur lui-même ; si l'inventeur ne peut se présenter, son mandataire peut le faire, mais alors il déclare que l'invention lui a été communiquée et les lettres patentes sont scellées en son nom.

Ces documents sont remis à un des officiers de la couronne dont les fonctions consistent à décider si la nature de l'invention est décrite d'une manière suffisante dans la spécification provisoire, déposée à l'appui de la demande, et si le titre en est rationnel. La loi de 1852 (section 8) donne à l'officier de la couronne le droit de réclamer l'assistance d'un ou de plusieurs experts scientifiques, mais ce pouvoir n'est presque jamais exercé.

Quand l'officier de la loi est convaincu que la description est suffisante, il accorde la protection provisoire. L'octroi du certificat est alors inséré dans la *Gazette de Londres* et dans le *Journal des Commissaires des Patentes*, dont nous avons parlé plus haut.

Quelque peu redoutable qu'il soit, cet examen peut cependant être évité en déposant en premier lieu une description définitive, spécifiant complétement et la nature de l'invention et la manière de l'exécuter. Dans ce cas, la délivrance du titre a lieu *de droit* et la publicité immédiate des documents déposés en est la conséquence.

Dans les quatre mois de la date de la demande, avis doit être donné par le pétitionnaire de son intention de poursuivre les démarches pour l'obtention des lettres patentes. Dans le cas où cet avis[1] ne serait pas donné, l'invention ne serait protégée que pour six mois, à l'expiration desquels elle appartiendrait au domaine public, soit qu'une spécification complète ait été déposée avec la demande, soit que cette dernière n'ait été accompagnée que d'une description provisoire. Dans ce dernier cas, cependant, comme les documents sont secrets pendant ces six mois, l'inventeur peut, en reproduisant une nouvelle demande avant leur expiration, obtenir une seconde protection provisoire, qui, cette fois, ne pourrait plus être renouvelée au cas où l'avis de poursuivre les démarches (*notice to proceed*) n'aurait pas été donné en temps utile.

L'insertion de cet avis n'indiquant que le titre du brevet est faite alors officiellement et ouvre une période de vingt et un jours, pendant lesquels opposition peut être faite à l'octroi des lettres patentes. L'affaire entre le pétitionnaire et les opposants, s'il s'en présente, est alors portée devant l'officier de la couronne et les parties sont ordinairement entendues séparément, la spécification provisoire étant de fait un document complétement secret. Si cependant l'officier de la couronne s'aperçoit que la nature de la nouvelle découverte est parfaitement connue de l'adversaire, il peut faire usage de son pouvoir discrétionnaire et entendre les parties en présence l'une de l'autre. Il faut ajouter que les oppositions sont extrêmement rares.

Il s'est présenté des cas dans lesquels l'officier de la couronne a refusé son « *fiat*, » refus motivé en général

[1] *Notice to proceed.*

par le manque de nouveauté. Ce fait n'est arrivé que quand, à sa connaissance, ce manque de nouveauté était évident. Comme *nul appel* ne peut être interjeté du refus de ce *fiat*, le fonctionnaire est toujours porté à accorder la protection en cas de doute.

La démarche suivante est la demande du sceau des lettres patentes, laquelle doit avoir lieu dans les trois mois de la date du warrant, c'est-à-dire quatorze jours au plus tard avant l'expiration des six mois de la protection provisoire. Ici se présente encore une occasion de faire opposition à l'obtention du privilége, bien qu'on n'en profite presque jamais. L'avis d'opposition doit être déposé comme précédemment et les parties sont alors entendues devant le lord chancelier, qui a le pouvoir, rarement exercé, de s'en rapporter à l'opinion de l'officier de la loi. La décision du lord chancelier est en tout cas sans appel, et les lettres patentes scellées portent la date de la demande [1].

La protection provisoire ne durant que six mois, à compter de cette date, à moins que le lord chancelier ne la prolonge sur la demande *motivée* du titulaire, la description complète doit être déposée avant l'expiration de ces six mois ou du temps accordé en plus. Si ce dépôt n'est pas fait, la protection cesse et le privilége accordé devient nul.

Toutes les formalités ayant été accomplies, les lettres patentes sont accordées pour quatorze ans ; mais il reste deux taxes à payer, la première avant la fin de la troisième année, la seconde avant l'expiration de la septième.

[1] Malgré les dispositions de la loi de Henri VI, chap. I (1460).

Les délais dont nous venons de parler sont ceux accordés par la loi ; on ne peut les prolonger, mais il est possible de les abréger, et le titre définitif peut être délivré trente-cinq jours après que l'on aura donné avis de l'intention où l'on est de poursuivre les démarches légales.

Les principaux cas de nullité et de déchéance sont :

1° Le manque de nouveauté de l'invention.

Il faut remarquer ici qu'une invention n'est brevetable dans ce pays, qu'autant qu'elle n'y a pas reçu de publicité ; mais on peut y obtenir une patente valable pour une découverte publiée en pays étrangers, pourvu que l'invention dont il s'agit n'ait pas pénétré en Angleterre.

2° L'insuffisance de la description. Les lois anglaises, les règlements des commissaires et les habitudes reçues ont fait de la confection des documents à annexer à la demande une œuvre minutieuse et difficile. Il serait tout à fait impossible à un inventeur de s'en tirer sans avoir une grande expérience de ces sortes de choses. Il est cependant relativement facile de remédier à une spécification erronée en quelques points au moyen d'un « *disclaimer* » et d'un « *memorandum d'altération*. » C'est un acte d'abandon d'un passage du texte dont l'ambiguïté ou le défaut d'exactitude pourrait compromettre la validité du titre. Nous devons faire remarquer, au sujet de la spécification, que, depuis le 1er janvier 1867, l'administration anglaise exige de l'inventeur la production d'un résumé clair et succinct établissant les points principaux sur lesquels repose le caractère de nouveauté de sa découverte.

3° Le défaut de payement des taxes avant la quatrième et avant la huitième année. Il faut faire observer ici que les lettres patentes elles-mêmes doivent être présentées au *Patent Office* pour que ce payement soit reçu.

La loi anglaise est la seule qui n'exige pas que l'invention, objet de la patente, soit exploitée dans le pays ; elle permet aussi l'introduction par le fait de l'inventeur, sur le territoire de la Grande-Bretagne, d'objets similaires à ceux qui sont garantis par les lettres patentes et fabriqués à l'étranger.

AUTRICHE.

La loi qui régit aujourd'hui la question des brevets en Autriche a été décrétée le 10 août 1852, et comporte les dispositions principales suivantes.

Sont brevetables :

1° Les nouveaux produits industriels ;

2° Les nouveaux moyens et procédés de fabrication et de production.

Les découvertes industrielles sont considérées comme nouvelles en Autriche quand elles n'y sont ni exploitées, ni décrites. Un brevet est même valable quand il remet en vigueur une découverte jadis exploitée, à la condition que le procédé ait été perdu, et soit, au moment de la demande, généralement inconnu dans l'empire.

Une invention brevetée à l'étranger ne peut être

l'objet d'un privilége en Autriche, à moins que la demande n'en soit faite par le titulaire même du brevet étranger. Sa durée ne peut dépasser celle du brevet primitif et en aucun cas excéder quinze ans.

Le brevet peut être demandé pour un an, deux ans, trois ans, etc., et comme la taxe entière doit être payée d'avance, l'inventeur le prend ordinairement pour un an, et cela suffit parfaitement, car avant l'expiration de la première année il suffit de payer une taxe modique pour en obtenir la prolongation.

Quand les pièces ont été déposées, il est remis au pétitionnaire un certificat constatant la date du dépôt afin d'établir la priorité. Les documents sont examinés par une commission, mais le brevet est toujours accordé si l'invention est brevetable, et si les pièces sont en règle. Le ministère n'a pas à examiner le mérite ou la nouveauté de la découverte, et délivre le titre sans en garantir la validité à ce point de vue, exactement comme cela se pratique en France.

Cependant, l'Empereur a le droit d'accorder un brevet pour plus de quinze ans si la demande du pétitionnaire est appuyée par des raisons majeures.

La cession des brevets se fait par acte ordinaire; elle doit être enregistrée au ministère du commerce, et, pour cela, le titre ainsi que l'acte de transfert doivent y être déposés, etc. Le ministère fait publier l'acte de cession.

La contrefaçon est très-sévèrement punie en Autriche ; le breveté contrefait a le droit, sans intenter un procès, d'obliger le contrefacteur à cesser sa vente et sa fabrication, et peut exiger des garanties, afin que les faits constatés ne se renouvellent pas. La plupart des questions relatives à la validité des titres sont tranchées par le ministre du commerce qui prononce seul sur les faits entraînant la nullité du brevet.

Les principaux cas de nullité et de déchéance sont les suivants :

1° Insuffisance de la description;

2° Manque de nouveauté de la découverte ;

3° Octroi du brevet à toute autre personne qu'au véritable inventeur ;

4° Préexistence d'un brevet pour une découverte identique ;

5° Non-exploitation dans l'année qui suit la date de la signature du titre ou interruption de cette exploitation pendant deux ans.

BAVIÈRE.

Les prescriptions générales de la loi bavaroise rentrent dans celles de la convention du Zollverein, dont nous parlerons en exposant la loi prussienne.

Une invention est brevetable en Bavière quand elle y est nouvelle et utile. Cependant, des brevets d'importation sont accordés aux inventions déjà brevetées à l'étranger, mais en faveur du titulaire seulement, à la condition de la réciprocité de la part du gouvernement étranger. En tout cas, la durée du privilége ne peut excéder celle du brevet pris antérieurement ailleurs.

Les demandes sont soumises à un examen préalable et le brevet est refusé : 1° quand la découverte n'est pas nouvelle ; 2° si le brevet est demandé par tout autre que par le véritable inventeur ; 3° quand un brevet a déjà été accordé en Bavière pour le même objet.

La durée maximum est de quinze ans, mais si le privilége est demandé pour un temps moins long, sa prolongation peut être facilement obtenue jusqu'à quinze ans. Toute personne peut obtenir un brevet de perfectionnement à une invention déjà brevetée, mais elle ne peut se servir de son privilége, sans l'autorisation du titulaire du brevet principal.

BELGIQUE.

La loi belge s'est inspirée de la loi française de 1844, elle a été promulguée le 24 mai 1854, et possède en général des dispositions très-libérales.

Les brevets sont dits d'invention ou d'importation : les brevets d'invention sont de vingt ans, et ceux d'importation, limités à une durée maximum de quinze ans, ne peuvent en aucun cas excéder celle du brevet étranger antérieur.

Un étranger peut prendre, en Belgique, un brevet d'invention de vingt ans, en ayant soin de le demander avant tout autre. La taxe à payer est progressive, et augmente de 10 francs par an. On peut, comme en France, demander des certificats d'addition qui, s'incorporant au brevet principal, se terminent avec lui ; leur obtention est gratuite.

Une des dispositions les plus libérales de la loi belge a été décrétée le 27 mars 1857 ; elle porte que les annuités peuvent être payées pendant le mois qui suit l'échéance, et qu'un délai de cinq autres mois est accordé à l'inventeur, à la condition du payement d'une amende de 10 francs.

Les descriptions des brevets sont publiées trois mois après l'octroi du privilége, et le public est alors admis à prendre connaissance des documents.

Quand le titulaire du brevet belge exploite son invention à l'étranger, il doit aussi l'exploiter en Belgique dans l'année qui suit la mise en rapport à l'étranger ; le gouvernement peut accorder une prorogation d'une année au plus, mais la demande doit être faite avant l'expiration du terme légal, afin que la décision puisse être aussi promulguée avant cette époque.

Les cessions sont faites par actes authentiques, et elles doivent être enregistrées pour devenir valables.

Les principales causes de nullité ou de déchéance sont les suivantes :

1° Inexactitude ou insuffisance de la description ;

2° Défaut de nouveauté de la découverte ;

3° Manque d'exploitation dans le délai légal ;

4° Non-payement des annuités dans les six mois de l'échéance.

ESPAGNE.

La loi fondamentale est du 27 mars 1826 ; elle a été complétée en 1829 et présente les dispositions suivantes :

La propriété d'une invention est reconnue en Espagne, non-seulement à l'inventeur primitif, mais encore à l'introducteur d'un produit, d'un procédé ou d'une machine non encore connus dans le royaume. Le brevet est accordé sans aucune garantie de la part du gouvernement relativement à la nouveauté ou à l'utilité de la découverte, et, quand il a été demandé par l'inventeur, le gouvernement le lui accorde sur sa demande pour cinq, dix ou quinze ans; il faut observer à cet égard que le brevet de cinq ans peut être prolongé, tandis que celui de dix ou de quinze ans ne peut jamais l'être. Quant à l'importateur, la durée de son privilége ne peut dépasser cinq ans, et ce privilége n'ôte à personne le droit d'introduire en Espagne des objets similaires. Ce brevet peut toujours être pris quand la découverte qu'il est destiné à protéger n'a jamais été mise en pratique en Espagne. Cependant, si une machine ou un échantillon relatifs à cette invention, ou si seulement une description en espagnol avait été déposée au Conservatoire des Arts de Madrid, le brevet d'importation ne serait valable que si l'invention n'avait pas été exploitée dans les trois ans, à partir du dépôt.

Les documents annexés aux demandes de brevets

sont secrets et ne sont ouverts qu'en cas de contestation et sur l'ordre du juge. Les transferts se font par actes publics, et avis doit être donné au Conseil d'État dans les trente jours de la signature des actes.

En cas d'infraction aux droits des brevetés, les produits contrefaits sont confisqués après une saisie, et la condamnation entraîne pour le contrefacteur l'obligation de payer une amende égale au triple de la valeur des objets saisis.

Les principaux cas de déchéance sont les suivants :

1° Le fait de laisser passer plus de trois mois après la demande sans retirer le titre du brevet ;

2° Le manque d'exploitation dans un an et un jour après la date des priviléges ;

3° L'interruption de l'exploitation pendant plus d'un an et un jour ;

4° La publicité de la découverte en Espagne antérieurement à la demande.

ÉTATS-UNIS.

Tout inventeur, citoyen ou étranger, peut obtenir aux États-Unis une patente de dix-sept ans. La demande doit être faite à Washington par l'inventeur ou par son mandataire ; elle doit être accompagnée :

1° D'une description en anglais ;

2° Des dessins nécessaires (si l'invention en comporte) en double expédition : l'un des exemplaires doit être tracé sur de la toile à calquer, l'autre sur du papier fort non transparent, *stiff paper*;

3° D'un modèle dont le volume doit être compris dans un cube de 30 centimètres de côté;

4° D'une déclaration faite par l'inventeur en personne devant un consul américain, et en présence de deux témoins et constatant sa qualité de premier inventeur.

Le modèle et les dessins doivent parfaitement s'accorder, et la rédaction de la spécification est fondée sur des règles et des habitudes analogues à celles qu'on suit en Angleterre.

Quand les pièces ont été déposées, un examen préalable a lieu; il a pour but d'établir si l'invention est réellement nouvelle et utile. Si la demande est rejetée, le refus est motivé, et le pétitionnaire peut la reproduire une seconde fois; après un nouveau refus, il peut en appeler à un conseil d'examen; enfin, le commissaire en chef des patentes peut juger la question en dernier ressort sur la demande de l'inventeur.

Si la patente est accordée, ce qui arrive le plus ordinairement, le titre définitif parvient à l'inventeur après un délai assez long qui dépasse souvent six mois.

Une invention, à son début, peut être protégée par un *caveat* enregistré au *Patent Office*, pour lequel la production de dessins ou de description n'est pas exigée. Le *caveat* est réservé aux citoyens américains et aux résidents étrangers prêtant serment de leur intention de se faire naturaliser. A la vérité, un étranger peut faire enregistrer un *caveat* au nom d'un Américain, mais, comme celui-ci devient de fait le propriétaire de l'idée, cette circonstance doit, comme nous l'avons déjà dit, rendre prudent sur le choix de la personne au nom de laquelle le *caveat* doit être déposé.

Comme en Angleterre, la loi permet des actes d'abandon (*disclaimers*) pour les portions de la spécification que l'inventeur veut annuler.

Quant aux cessions, elles sont faites par actes ordinaires, mais elles doivent être enregistrées dans les trois mois au *Patent Office*. Le brevet doit être exploité dans les dix-huit mois de sa date.

Les causes principales de nullité et de déchéance sont :

1° Le manque de nouveauté de l'invention ;

Il s'agit ici de la nouveauté aux États-Unis, l'invention pourrait être connue ailleurs antérieurement à la date de la demande, mais il faut aussi que nulle publicité n'ait eu lieu en Amérique avant cette époque. (Acte additionnel du 3 mars 1839, sect. 6.) Cependant, quand la demande est faite par le titulaire d'un brevet étranger, l'achat ou la vente en Amérique des objets dont il s'agit préalablement à la demande n'invalide pas la patente, pourvu que ces actes ne viennent pas du fait de l'inventeur ou qu'ils ne remontent pas à plus de deux ans.

2° L'insuffisance de la description ou la trop grande étendue des droits privatifs réclamés ;

3° Le défaut d'exploitation dans les dix-huit mois de la délivrance du brevet ;

4° Le fait d'avoir demandé un brevet pour une découverte dont on n'est pas l'inventeur.

FRANCE.

Tout individu français ou étranger qui a fait une nouvelle découverte peut la faire breveter en France, pourvu que ce ne soit ni un produit pharmaceutique, ni un remède, ni un plan de finances.

Les découvertes qui peuvent faire l'objet d'une demande de brevet sont les suivantes :

1° L'invention d'un *nouveau* produit ;

2° L'invention d'un *nouveau* moyen, d'un *nouveau* procédé ou d'une *nouvelle* machine ;

3° L'application *nouvelle* d'un moyen, d'un procédé, d'une machine ou d'un produit connu, pour obtenir un résultat différent ou meilleur.

La durée maximum d'un brevet est de quinze ans ; on peut le demander pour cinq ou pour dix ans, mais il n'y a aucun intérêt à le faire, puisqu'un brevet de cinq ou de dix ans ne peut être prolongé, et que le brevet de quinze ans peut être abandonné quand on veut. Il y a même imprudence à demander un brevet de cinq ou de dix ans, en ce sens qu'on s'enlève par là le droit de conserver les brevets étrangers pris ultérieurement pendant une durée plus longue.

La taxe à payer est de 100 francs par an, elle doit être versée d'avance et *au plus tard* le jour anniversaire du dépôt de la demande ; tout retard, quelle qu'en soit la cause, amène une *déchéance absolue* dont aucun pouvoir ne peut relever.

La demande d'un brevet est déposée à la préfecture

du département où réside l'inventeur ou de celui où il veut élire domicile. Cette demande est renfermée dans un pli cacheté contenant :

1° Une pétition au ministre de l'agriculture, du commerce et des travaux publics ;

2° Deux expéditions de la description, portant en titre, l'une le mot *original*, l'autre le mot *duplicata*.

3° Deux exemplaires des dessins (si l'invention en comporte) portant les mêmes titres; ces dessins peuvent être faits au trait seulement et sur du papier à calquer de dimension quelconque, mais le lavis ou les ombres peuvent être ajoutés, et la nature du papier est facultative. Il faut seulement qu'ils soient faits d'après une échelle métrique et qu'ils ne laissent rien à désirer comme clarté;

4° Un bordereau des pièces susdites.

A ce pli, on joint, au moment du dépôt, mais à découvert, le récépissé de la première annuité versée d'avance et le pouvoir sur papier libre signé par l'inventeur dans le cas seulement où le brevet est déposé par un mandataire.

Toutes ces pièces, transmises au ministère, y sont examinées au seul point de vue de la régularité de la demande et de la conformité des originaux et des duplicata. Si le résultat de l'examen est favorable et que les autres prescriptions de la loi aient été suivies, le brevet est délivré. La préfecture qui en avait transmis la demande le reçoit du ministère et le remet contre un reçu à l'inventeur. Deux mois au moins s'écoulent entre le dépôt de la demande et la réception du titre.

Quand l'inventeur a perfectionné sa découverte, il a le droit, pendant toute la durée de son brevet, de demander des certificats d'addition venant faire corps avec le brevet principal et suivre toutes les phases de son existence. A chacun de ces certificats correspond une taxe de 20 francs et la demande en est faite de la même manière que celle du brevet. Pendant la première année, nul autre que le titulaire n'a le droit de se faire breveter pour des perfectionnements à sa découverte ; néanmoins, si, pendant cette première année, quelqu'un voulait prendre un brevet de perfectionnement, il pourrait en faire la demande. Déposée dans les formes ordinaires, elle resterait cachetée pendant l'année en question, et, à son expiration, le brevet serait accordé au pétitionnaire si l'inventeur n'avait pas demandé de privilége pour le même perfectionnement.

Les brevets pris pour une découverte, invention ou application se rattachant à l'objet d'un autre brevet, ne peuvent être exploités sans l'autorisation du propriétaire du brevet primitif et, réciproquement, le propriétaire de ce brevet n'a aucun droit d'exploiter les perfectionnements apportés par des tiers à sa propre invention.

Les brevets peuvent être vendus en totalité ou en partie, et l'acte de cession doit être fait devant notaire, après le payement anticipé de la totalité des annuités restant à courir ; cet acte doit être, en outre, enregistré à la préfecture du département où il a été passé. Les concessionnaires profitent des certificats d'addition pris ultérieurement par le cédant, mais ils ne profitent pas des brevets de perfectionnement qu'il peut obtenir plus tard. Il faut remarquer que la cession d'une licence d'exploitation n'est pas considérée comme une vente et peut faire l'objet d'un acte sous seing privé qui n'est pas soumis à la formalité de l'enregistrement spécial à la préfecture.

Quand un breveté s'aperçoit d'une contrefaçon, il a le droit d'attaquer le contrefacteur, et le procès peut, à son choix, être porté devant le tribunal civil ou devant la juridiction correctionnelle. Il doit commencer par présenter une requête au président du tribunal de première instance du lieu où il veut faire saisir ; le président ordonne sur la production du titre une saisie descriptive ou effective, et commet un huissier qui se fait ordinairement accompagner d'un expert. Dans le délai de huit jours, le requérant doit se pourvoir par la voie civile ou correctionnelle, sous peine de nullité de la saisie. La juridiction correctionnelle est celle qu'on choisit d'ordinaire ; elle est plus rapide et sa sanction est plus précise, puisque, constatant un délit, la Cour peut condamner à l'amende et à la prison.

Quand le breveté a gagné son procès, les objets contrefaits et même les instruments destinés à leur fabrication sont confisqués à son profit, sans préjudice de plus amples dommages-intérêts et de l'affiche du jugement.

Les principaux cas de nullité ou de déchéance sont les suivants :

1° Non-nouveauté de l'invention;

2° Titre frauduleux ;

3° Description insuffisante ou déloyale ;

4° Défaut de payement des annuités en temps utile

5° Non-exploitation de la découverte dans les deux ans, à dater de la signature du ministre, ou interruption de cette exploitation pendant deux ans;

6° Introduction en France, par le fait du propriétaire du brevet, d'objets fabriqués à l'étranger similaires à ceux que son titre lui garantit.

HOLLANDE.

La loi en vigueur en Hollande date du 25 janvier 1817. Aux termes de cette loi, des brevets peuvent être obtenus pour des inventions ou pour des perfectionnements dans l'industrie ou pour l'introduction dans le royaume des inventions ou des perfectionnements réalisés à l'étranger.

Ils sont accordés pour cinq, dix ou quinze ans, et ceux de cinq ou de dix ans sont facilement prolongés jusqu'au maximum de la durée, qui, en aucun cas, ne saurait excéder celle d'un brevet étranger antérieur.

Quand on demande un brevet en Hollande, un titre provisoire est accordé à peu de frais, mais le titre définitif n'est délivré qu'après le payement de la taxe, pour le versement de laquelle le gouvernement accorde douze à quinze mois de délai, et même quelquefois plus.

Les principaux cas de nullité et de déchéance sont les suivants :

1° Insuffisance de la description;

2° Défaut de nouveauté de l'invention;

3° Non-exploitation dans les deux premières années du privilége;

4° Obtention d'un brevet étranger postérieurement à celle du brevet hollandais.

ITALIE.

L'ancienne loi piémontaise modifiée est devenue applicable au royaume d'Italie et a été promulguée le 30 octobre 1860; en voici les dispositions les plus importantes :

Un brevet est accordé en Italie pour toute découverte nouvelle ayant pour but :

1° Un produit ou un résultat industriel ;

2° Une combinaison mécanique quelconque ;

3° Un procédé ou une méthode de production ;

4° Un moteur nouveau ou l'application nouvelle d'une force;

5° L'application industrielle d'une loi scientifique.

La nouveauté, condition toujours indispensable, n'est pas perdue en Italie par le fait de la publicité résultant du fait d'un brevet étranger; mais il faut pouvoir prouver que l'invention n'a pas été importée ou exécutée dans le royaume avant la date de la demande.

Le brevet peut être demandé pour un an, deux ans, trois ans ou plus, mais sa durée ne peut dépasser quinze ans au maximum et n'excède, en aucun cas, celle d'un brevet étranger antérieur. Quant à sa date, c'est toujours celle du dernier jour du trimestre pendant lequel la demande a été déposée : 31 mars ; 30 juin, 30 septembre ou 31 décembre.

La somme demandée par le gouvernement consiste en une taxe proportionnelle payable d'avance et en annuités qui croissent de 25 francs tous les trois ans. Comme en France, on peut, pour une somme assez faible, obtenir des certificats d'addition qui subissent le sort du brevet principal. Cependant le délai d'un an pendant lequel, en France, l'inventeur a la priorité pour le perfectionnement de sa découverte, est réduit en Italie à six mois. Le titulaire a aussi le droit, pendant ces six mois, de retrancher de sa description les passages qu'il croirait inutiles ou compromettants.

La prolongation du brevet est obtenue sur la simple demande de l'inventeur, après versement d'une taxe de 40 francs.

Les actes de cession sont enregistrés au ministère et publiés dans le journal officiel. Si des licences partielles d'exploitation sont vendues à plusieurs personnes, ou si le brevet est cédé partiellement, l'enregistrement des actes faits à ce sujet doit être précédé du versement intégral de la taxe jusqu'à l'expiration du brevet. Si le brevet est cédé entièrement à une ou à plusieurs personnes solidaires, nulle formalité de ce genre n'est exigée.

Les principaux cas de nullité ou de déchéance sont :

1° La discordance entre le titre et la description;

2° L'insuffisance de la description ou des dessins ;

3° L'absence de nouveauté ;

4° Le non-payement de la taxe dans les trois mois de l'échéance;

5° Non-exploitation de la découverte dans la première année de la délivrance du titre (si le brevet est demandé pour plus de cinq ans, ce délai est porté au double). Le breveté peut d'ailleurs faire prolonger ce délai en justifiant des causes de son inaction.

PRUSSE. — ZOLLVEREIN.

La Prusse et les territoires récemment annexés[1] restent sous l'empire de l'ordonnance royale, datée du 14 octobre 1815. Cette ordonnance a servi de base à la convention du Zollverein du 21 septembre 1832, à laquelle se sont ralliés les États suivants : Prusse, Bavière, Saxe, Wurtemberg et grand-duché de Bade.

Cette convention laisse chaque État libre de faire des lois spéciales, pourvu que ces lois ne contiennent rien de contraire aux dispositions que voici :

1. Les brevets ne peuvent être délivrés que pour des inventions d'une nouveauté incontestable ;

2. Une invention ne peut être brevetée si la description en a été imprimée en langue allemande ou autre d'une manière assez précise pour en permettre la mise à exécution ;

3. On peut obtenir des brevets pour des perfectionnements à des inventions déjà connues et brevetées ;

4. Un brevet ne peut autoriser son titulaire à empêcher l'introduction d'objets similaires venant de l'étranger.

[1] Hanovre, — Holstein, — Hesse-Cassel, — Nassau — et Francfort-sur-le-Mein.

5. Le brevet donne le droit d'empêcher l'introduction et la vente d'objets similaires, quand il s'agit d'instruments ou de machines destinées à l'industrie;

6. Le breveté a toujours droit à la fabrication exclusive des objets protégés par son brevet.

En ce qui concerne la Prusse, la demande des brevets doit être faite au nom d'un citoyen prussien; mais quand le véritable inventeur est étranger, son nom figure dans la demande. Quand les documents ont été fournis, une commission est chargée de les examiner; sur son avis, le brevet est accordé ou refusé. Le plus souvent, elle se montre très-sévère dans ses appréciations, et peu d'inventions, surtout en ce qui concerne la nouveauté et l'utilité, parviennent à trouver grâce devant elle. Il faut ajouter que ses décisions ne sont pas toujours irréprochables. Cependant, et à cause même de cette difficulté, un brevet prussien obtenu ne manque pas d'une certaine importance, et l'étendue actuelle de la Prusse contribuera à l'augmenter encore.

La durée, qui est fixée par le gouvernement, varie de six mois à quinze ans, mais il est extrêmement rare qu'elle excède dix ans. L'invention doit être exploitée dans les six mois de la délivrance du titre, laquelle doit être annoncée dans les journaux dans un délai de six semaines à partir de cette même date.

RUSSIE.

Les lois russes concernant les brevets d'invention remontent au 22 novembre 1833 et au 23 octobre 1840.

Le gouvernement russe, comme tous les autres, ne garantit nullement le mérite ou la légalité d'une découverte, et le titre qu'il accorde est une simple constatation des faits qu'on lui présente. La loi accorde des brevets aux introducteurs de découvertes provenant d'autres pays, mais à la condition que la description n'en ait pas été publiée dans l'empire, et qu'elles n'y aient point été exploitées; du reste, les étrangers jouissent à cet égard des mêmes priviléges que les nationaux.

Quand une demande de brevet a été déposée, le conseil des manufactures en est saisi, et un examen préalable a lieu. Il n'a d'autre but que de rechercher : 1° si un brevet pour une découverte identique n'a pas déjà été accordé en Russie ; 2° si la description présentée est suffisamment claire, et annonce que la découverte mérite l'attention ; 3° si l'invention en question ne contient rien de contraire aux lois de l'empire.

Quand l'avis du conseil est favorable, le brevet est délivré ; sinon il est refusé : les causes de ce refus sont publiées et la taxe versée est intégralement restituée, sauf une faible partie. Le pétitionnaire a cependant le droit de présenter des observations qui peuvent influer sur une seconde délibération et déterminer un avis favorable.

Quand l'inventeur, titulaire d'un brevet étranger, demande un brevet en Russie, il peut obtenir une durée de trois, cinq ou dix ans ; mais si l'importateur n'est pas l'inventeur primitif, le maximum de la durée est limité à six ans et la taxe portée à un total plus élevé. Dans aucun cas un brevet russe ne peut être prolongé.

Une fois le titre délivré, il est publié dans le journal officiel et les documents sont mis à la disposition du public. Le breveté doit mettre son invention en exploitation avant l'expiration du premier quart de la durée du privilége.

La cession doit faire l'objet d'un acte authentique ; l'avis doit en être donné au ministère, et la publication en être faite dans les journaux. Si cette cession est faite à une compagnie par actions, ou si le breveté vient à faire partie d'une telle société, l'autorisation du gouvernement doit être sollicitée au préalable.

Il n'y a pas de certificat d'addition en Russie.

Les cas principaux de nullité ou de déchéance sont :

1° Le manque de nouveauté (en Russie) de l'invention au moment de la demande ;

2° Le fait d'avoir été obtenu au nom d'une personne autre que le véritable inventeur ;

3° L'insuffisance de la description ;

4° Le défaut d'exploitation dans le temps fixé.

SAXE.

La législation saxonne actuelle date du 20 janvier 1853 et est fondée sur le texte de la convention du Zollverein que nous avons citée plus haut (*voyez* PRUSSE).

On peut se faire breveter en Saxe pour tout ce qui est nouveau, excepté pour les médicaments, les comestibles et les aliments de toute nature. Les étrangers doivent se faire représenter par des nationaux.

Tout privilége est d'abord accordé pour cinq ans et un mois. Avant l'expiration de la cinquième année, il peut être prolongé de cinq autres années. L'invention brevetée doit être mise à exécution dans la première année de la durée du brevet; néanmoins, une pétition présentée au ministre de l'intérieur un mois avant la fin de la première année peut être suivie d'une prolongation de ce délai.

Une invention est considérée en Saxe comme nouvelle alors même que quelques personnes en auraient eu connaissance avant l'époque de la demande, pourvu qu'elles ne l'aient pas rendue publique. Les documents produits restent secrets pendant toute la durée du privilége.

La demande est soumise à un examen préalable et peut être rejetée, mais l'inventeur conserve toujours le droit de faire opposition à une première décision.

Les cas suivants sont ceux entraînant la nullité ou la déchéance :

1° Défaut de nouveauté de l'invention ;

2° Insuffisance de la description ;

3° Fausse déclaration de nationalité de la part de l'inventeur ;

4° Manque d'exploitation dans le délai fixé.

SUÈDE.

L'ordonnance du roi portant règlement sur la matière est du 19 août 1856. D'après cette ordonnance, des brevets sont délivrés aux inventions nouvelles, ou même déjà connues, pourvu qu'elles ne soient plus sous l'empire d'un brevet existant. L'inventeur seul peut obtenir un brevet dont la durée varie de trois à quinze ans, mais qui excède rarement dix ans. Le Collége de commerce est saisi de la demande, et délivre le brevet après examen. Le brevet étant affiché, le titulaire est tenu de faire insérer trois fois *in extenso* et dans les deux mois de la délivrance de son titre, la description complète de son invention dans la gazette officielle. Il est tenu aussi de prouver au Collége de commerce, avant l'expiration de la deuxième année de son privilége, que son invention est en pleine exploitation, et continuer ainsi chaque année. Ce délai de deux ans peut être porté à quatre ans, par le conseil, sur la demande motivée de l'inventeur. Les transferts doivent être notifiés au Collége de commerce, dont il est nécessaire d'obtenir l'autorisation avant de passer l'acte de cession.

Les cas de déchéance ou de nullité sont les suivants :

1° Défaut d'exploitation dans le délai prescrit ;

2° Insuffisance de la description ;

3° Défaut d'insertion de la description dans le journal officiel avant l'expiration des deux premiers mois du privilége.

TABLEAU

Indiquant la somme à verser aux gouvernements des différents pays pour l'obtention des brevets.

Pays.	Frais.	Durée des brevets.
Angleterre.	625 fr. [1]	14 ans.
Autriche.	49 »	1 à 15 ans.
Bavière..	61 »	5 à 15 ans.
Belgique.	10 »	15 à 20 ans.
Espagne.	260 »	5 à 15 ans.
Etats-Unis.	179 »	17 ans.
France.	100 »	15 ans.
Hollande.	318 »	5 à 15 ans.
Italie.	90 »	1 à 15 ans.
Prusse.	Pas de taxe.	1 à 10 ans.
Russie.	360 »	3 à 10 ans.
Saxe.	75 »	5 à 15 ans.
Suède.	Pas de taxe.	3 à 15 ans.

Les sommes marquées ci-dessus ne comprennent pas les frais accessoires : traductions, dessins, honoraires d'agence, etc., qui sont extrêmement variables.

[1] On peut se borner à prendre d'abord une *protection provisoire* (premier degré du brevet), 125 francs.

TROISIÈME PARTIE

RÉPARTITION GÉOGRAPHIQUE DE L'INDUSTRIE.

Utilité de cette nomenclature.

Les découvertes industrielles n'ont pas, d'une manière générale, un égal avenir dans tous les pays, et les inventeurs ont le plus grand intérêt à connaître ceux où leurs idées ont devant elles la route la plus facile et la plus sûre. Il y a à cet égard un double écueil à éviter : s'il est utile d'acquérir des priviléges dans les États où l'industrie spéciale dont on s'occupe n'est pas cultivée, il est imprudent de négliger de s'assurer un droit exclusif d'exploitation dans ceux où elle s'est développée d'une manière remarquable.

Si l'on veut bien se reporter à ce que nous disions en commençant, à l'égard du genre de cession à choisir quand on possède un brevet d'invention, on remarquera qu'il est nécessaire de connaître la manière dont s'est effectuée la répartition des exploitations industrielles, soit qu'on veuille tirer parti des faits accomplis, soit que le choix du pays où l'on doit se faire breveter n'ait pas encore été déterminé. Si, en effet, dans une contrée industrielle, il se présente une ville où une certaine branche d'industrie soit très-florissante, il y aura toujours avantage à y porter une invention dépendant du genre de la fabrication qui s'y est développée. L'existence d'un grand centre de production constituera toujours pour l'inventeur d'une découverte une raison de se faire breveter dans le pays où il est situé, et une extrême dissémination dans la fabrication d'un produit industriel devra, sauf les cas spéciaux, fournir un motif contraire, quelle que soit d'ailleurs l'importance de la production totale du pays.

Nous avons voulu, en présentant les renseignements qui suivent, donner une idée de la répartition de l'industrie dans les contrées les plus importantes à ce point de vue. On voudra bien ne voir là qu'une simple esquisse permettant seulement à l'inventeur de juger de la puissance industrielle de chaque pays. La question, telle que nous venons de la poser, exigerait, pour être résolue, des développements tout à fait hors de proportion avec la limite de cet ouvrage; nous nous contenterons donc de ce simple aperçu, nous réservant de la traiter plus tard d'une manière aussi complète que possible.

ANGLETERRE.

MINES ET MÉTALLURGIE.— Il est peu de matières minérales que le sol de la Grande-Bretagne ne contienne abondamment, et il n'est aucun pays dans lequel l'extraction et le traitement de ces matières aient acquis un aussi haut degré de développement.

La houille entre dans la production totale pour une somme qui dépasse un demi-milliard, représentant 850 millions de quintaux métriques. Le fer et la fonte sont produits dans 620 hauts fourneaux et 127 forges, contenant plus de 6,000 fours à puddler et 720 laminoirs; la production du fer dépasse 40 millions de quintaux métriques. Le Yorkshire tout entier, le pays de Galles, Newcastle et Glascow sont les plus grands centres de cette industrie.

On traite par an 240,000 tonnes de minerai de cuivre provenant de plus de 200 mines, et le résultat est représenté par 16,000 tonnes de cuivre. Comme pour le zinc, l'étain et le plomb, c'est le Cornwall qui est le siége de la plus grande extraction; une grande quantité de minerais étrangers est en outre tirée de l'étranger. Swansea, dans le pays de Galles, est le plus grand marché du monde pour les minerais de cuivre.

La production du zinc s'élève à 70,000 tonnes, celle de l'étain à 67,000 quintaux métriques, et celle du plomb dépasse 600,000 tonnes.

Produits chimiques. — Parmi les innombrables matières fabriquées dans les usines, nous citerons: la soude, dont la production annuelle s'élève à 270,000 tonnes; le traitement du sel marin se fait dans 50 usines et le nombre des ouvriers employés dépasse 10,000. La fabrication de l'alun excède 17,000 tonnes; le savon, 90,000 tonnes. Les seules usines de la Tyne produisent 95,000 tonnes d'acide sulfurique et 180,000 tonnes d'acide chlorhydrique par an, etc., etc. Toutes les industries chimiques, généralement concentrées dans de grands établissements, sont dans un état de prospérité remarquable.

TISSUS ET MATIÈRES TEXTILES.—Ces matières sont, en Angleterre, l'objet d'une immense fabrication. Depuis quelques années, sauf le mouvement momentanément produit par le haut prix du coton, l'industrie du lin et du chanvre a fait peu de progrès; mais celle de la soie a acquis une très-grande importance, et les manufacturiers anglais menacent de gagner l'avance que nous avions sur eux. C'est surtout la laine et le coton dont la filature et le tissage sont les plus importants, et l'immense développement qu'a pris cette industrie est sans exemple dans le reste du monde.

La production de la laine tissée en Angleterre va au delà de 800 millions de kilogrammes. 1,700 fabriques, 22,000 métiers, près de 100,000 ouvriers fournissent cette immense quantité.

Pour le coton, on compte plus de 400,000 ouvriers occupés dans 2,300 usines. On estime à 30 millions le nombre des broches, et à 10,000 chevaux-vapeur la force employée pour cette fabrication.

Un grand nombre d'autres industries se font remarquer par leur extrême importance; celle du papier est à citer. On consomme en Angleterre 230,000 tonnes de chiffons donnant 160,000 tonnes de papier; plus de 850 établissements employant 1,500 machines fabriquent cette énorme quantité. Nous mentionnerons encore l'industrie des tapis, dont la production s'élève à plus de 60 millions de francs; celle des rubans, qui donne à peu près le même résultat, celle du tulle, celle de la mousseline, etc., etc.

Un coup d'œil jeté sur les principales villes industrielles de la Grande-Bretagne donnera une idée de la distribution de l'industrie dans ce pays.

Londres. — Comme toutes les grandes capitales, Londres renferme toutes les industries, et naturellement cette dissémination lui ôte un caractère de spécialité aussi tranché que celui que présentent Sheffield, Manchester, etc. Les grands établissements de Londres sont très-nombreux et très-variés ; la construction des machines, la fabrication des produits chimiques, des couleurs, des glaces (Blackwall), des tissus, des crayons, des aiguilles, des papiers peints, et la sellerie, la carrosserie sont à citer comme remarquables. Comme exemple, nous dirons qu'on y fabrique par an 30,000 tonnes de savon, et que la fabrication des soieries y occupe 18,000 ouvriers; l'horlogerie de Londres produit 200,000 montres ; l'orfévrerie emploie 35,000 kilogrammes d'argent pour la seule fabrication de la vaisselle plate. C'est, du reste, si on la compare aux autres grandes villes industrielles de l'Angleterre, par son commerce plutôt que par son industrie qu'elle a acquis le rang qu'elle occupe. Sa population atteint aujourd'hui 3 millions d'âmes.

Liverpool. — Cette remarque s'applique aussi à Liverpool, qui est la ville la plus commerçante de l'Angleterre et du monde entier. Ses armements maritimes se montent à près d'un million de tonneaux, et le produit de ses opérations par mer approche de deux milliards de francs. Sa fabrication principale porte sur le coton, les machines, les produits chimiques, l'horlogerie, etc.; on en évalue le produit total à environ 130 millions par an. Liverpool contient environ 700,000 habitants.

MANCHESTER.— C'est la métropole de l'industrie du coton. Il s'y consomme par an au delà de 200 millions de kilogrammes de coton en balles. Cette ville contient 230 filatures et autant d'usines pour le tissage. Le comté de Lancastre, dont elle dépend, renferme les trois cinquièmes des usines anglaises où est traitée cette matière textile. Toute la contrée qui sépare ou plutôt qui unit Liverpool et Manchester, est couverte d'établissements industriels, et représente pour la fabrication du fil et des dessins l'importance du Yorkshire pour la métallurgie.

BIRMINGHAM.— Autre ville immense dont l'industrie s'est moins spécialisée qu'à Manchester. Les usines métallurgiques y dominent, ainsi que la construction des machines, et la fabrication des armes et de la quincaillerie. Les plumes de fer sont là l'objet d'une production importante. 10 fabriques fournissent par an 1 milliard de plumes, dont la valeur est d'environ 7 millions de francs.

LEEDS ET HALIFAX. — Ce sont là les deux plus grands centres de l'industrie des laines. La première de ces deux villes renferme 120 usines, 1,100 métiers mus par 2,500 chevaux-vapeur et occupe

14,000 ouvriers. La seconde compte 235 usines, employant 4,000 chevaux-vapeur et fournissant du travail à 17,000 ouvriers.

SHEFFIELD. — La coutellerie de Sheffield est renommée depuis des siècles ; sa production annuelle atteint maintenant 60 millions de francs et le nombre d'ouvriers employés dépasse 12,000. Les autres industries métallurgiques y sont très-développées ; 275 usines produisent ou travaillent le fer ou l'acier. Le Yorkshire est le grand centre de production de ce dernier métal et contribue pour 60,000 tonnes au produit total des usines anglaises. La plus grande partie du fer employé dans les aciéries du Yorkshire provient de la Russie et de la Suède.

GLASCOW. — Le district dont cette ville fait partie est remarquable par ses établissements métallurgiques; 135 hauts fourneaux y sont en activité. Les produits chimiques y sont fabriqués dans un grand nombre d'usines; la plus célèbre de toutes, celle de Saint-Rollox, appartenant à MM. Tennant et Ce, produit par an 1,900,000 kilogrammes de soude, 2,400 tonnes de savon, 2,000 tonnes d'acide sulfurique, etc., etc. L'industrie cotonnière a pris là une extension considérable : le nombre des broches s'élève à 1,800,000 et on y file 700,000 mètres de fil par jour. La poterie et les porcelaines entrent pour plus de 8 millions de francs dans la production totale annuelle.

NEWCASTLE. — Produits chimiques renommés,

fontes, machines, célèbres établissements Stephenson et Hawthorn. La construction des navires y a acquis une immense importance; plus de 70 navires en fer sortent par an des chantiers de la Tyne.

MACCLESFIELD. — Centre de la fabrication des soieries, cette ville renferme 4,800 métiers à tisser; ses fabriques rivalisent maintenant avec celles de Spitalfield, qui ont été fondées par les protestants français réfugiés en Angleterre à la suite de la révocation de l'Edit de Nantes.

DUNDEE.— Filature du chanvre et du lin.

AXMINSTER. — Fabrication des célèbres dentelles anglaises connues sous le nom de point d'Honiton.

ROCHDALE ET CONGLETON. — Filature des déchets le soie.

REDDITCH.— Centre de la fabrication des aiguilles.

BOLTON. — C'est là que sont les plus grandes blanchisseries de toute l'Angleterre; la fabrication du papier s'y est développée sur une très-grande échelle.

OLDHAM. — Construction des métiers à tisser. Une seule usine, celle de MM. Platt frères, occupe 7,000 ouvriers.

NOTTINGHAM. — Fabrication du tulle, sans rivale au

monde : la production annuelle de ce tissu dépasse 120 millions de francs.

KIDDERMINSTER. — Tapis célèbres.

COVENTRY. — Rubans et gazes.

Pour donner une idée de l'immense commerce de l'Angleterre, nous donnons, en finissant cet article, les chiffres du mouvement des ports anglais pendant l'année dernière :

Il est entré dans les ports du Royaume-Uni ou il en est sorti 57,000 navires jaugeant 18,000,000 de tonneaux. Londres figures dans ce chiffre pour 6,266,000 tonneaux, et Liverpool pour 5,377,000 tonneaux. La valeur des marchandises transportées est évaluée à 3 milliards 600 millions, dans lesquels la part de Londres s'élève à 900 millions, et celle de Liverpool à 1 milliard 800 millions.

AUTRICHE.

Parmi les industries considérables de ce pays, nous citerons la métallurgie et l'exploitation des mines. L'extraction de la houille s'élève à 35 millions de quintaux métriques. La production du fer et de la fonte y est importante ; le fer y est généralement de bonne qualité et presque tous les hauts fourneaux marchent au bois ; 312,000 tonnes représentent le total de la production annuelle. Les aciers de forge y sont renommés, surtout ceux du Tyrol et de la Carinthie. Les principales usines sont celles d'Innerberg à Eisenerz (Styrie), de Murau-sur-Mur, de Reich Ramnig, etc.

Le traitement des minerais de cuivre donne par an 2 millions et demi de kilogrammes de ce métal. Cette industrie se rencontre surtout en Hongrie, mines d'Iglo, usine de Schmolnitz, aux mines de Domokos et de Balambanya (Transylvanie), de Grasslitz (Bohême), etc. L'argent se trouve en quantité assez considérable : les seules mines de Przilmam (Bohême) en donnent 12,000 kilogrammes par an.

Le traitement des minerais d'étain ne fournit pas beaucoup de ce métal ; la production du plomb s'élève à 70,000 quintaux métriques et celle du mercure à 600,000 kilogrammes par an. Les célèbres mines d'Idria, en Carniole, fournissent ce dernier métal, et ne le cèdent à cet égard qu'à celles de Californie ou à celles d'Almaden (voir *Espagne*).

Il convient de citer parmi les industries minérales : les salines de Wieliczka (Cracovie), qui produisent par an plus d'un million de quintaux métriques de sel, d'une valeur de 17 millions de francs ; le graphite, dont l'exploitation a pris une grande importance à Budweiss en Moravie, et dans la basse Autriche ; la production en est évaluée à 4,500 tonnes par an.

Parmi les industries spéciales, il faut citer celle du coton : on compte en Autriche 2 millions de broches et 300,000 tisserands à bras ; le centre de la fabrication est Reichemberg, en Bohême, que l'on pourrait appeler le Manchester de l'Autriche. Vienne renferme des filatures importantes; Pesth est très-renommée pour ses cotonnades imprimées : l'usine Goldenberg y occupe plus de 600 ouvriers.

Nous devons mentionner aussi l'industrie des laines : c'est encore Reichemberg qui en a le monopole. La fabrication totale des tissus est évaluée à 250 millions de francs. Brunn est célèbre pour ses laines filées; Vienne pour ses fabriques de châles (90 usines); Pesth pour ses chapeaux : une seule usine (Quenzer) en produit 40,000 par an.

La Bohême renferme d'importantes filatures de lin : on évalue le nombre des broches à 175,000, et la fabrication y est très-avancée.

Quant aux produits chimiques, ils comprennent une portion importante de l'industrie autrichienne.

Les fabriques de bougies de Vienne sont renommées; Prague, Klagenfurth, Freylack sont célèbres pour leurs produits chimiques. La fabrication de l'acide sulfurique dit de Nordhausen s'est concentrée à Assaldt.

Nous citerons en finissant les sucreries de Bohême, qui emploient 13 à 14 millions de kilogrammes de betteraves par an; et enfin les célèbres verreries de ce dernier royaume, qui occupent 30,000 ouvriers, et produisent au delà de 30 millions de francs d'objets en verre. Les fours de verrerie y sont chauffés au bois, et ces établissements constituent un moyen d'exploitation pour les immenses forêts de la Bohême.

BAVIÈRE.

Les villes les plus industrielles de la Bavière sont :

MUNICH. — Brasseries sans rivales; grands ateliers de construction de machines; très-importantes fabriques d'instruments de précision et d'optique; usines pour les produits chimiques en général, et spécialement pour la fabrication de l'acide sulfurique et du sel ammoniac.

NUREMBERG. — La construction des machines y occupe à peu près 1,000 ouvriers; fonderies importantes. La fabrication des crayons, des jouets d'enfant et d'une foule de petits objets analogues à ce que nous appelons *articles de Paris*, y est fort considérable, et ses produits se font remarquer par leur bas prix. L'outremer artificiel y est produit sur une assez grande échelle : l'usine Leykauf et Heyne, qui occupe 200 ouvriers, en fournit 8,000 kilogrammes par an.

AUGSBOURG. — Ateliers célèbres pour les impressions sur étoffe; filatures importantes; fabriques de produits chimiques, et spécialement de chromates de potasse.

FURTH. — Manufactures de glaces.

PASSAU. — Cette ville est renommée pour ses creusets de graphite, qui s'exportent partout.

BELGIQUE.

L'extraction de la houille est la première des industries de la Belgique ; elle occupe 80,000 ouvriers, et donne 10 millions de quintaux métriques de houille. La production du fer s'y élève à 600,000 tonnes. L'industrie cotonnière comprend 800,000 broches, l'industrie linière 180,000, et celle des laines consomme par an 14,000 tonnes de laine brute ; 35 machines à papier produisent annuellement au delà de 18,000 tonnes de cette matière.

Les villes industrielles les plus importantes sont :

BRUXELLES. — Cette capitale renferme de nombreuses usines, dont les produits sont très-divers. Les branches d'industrie les plus importantes sont : la construction des machines, la fabrication des clous, celle des gants, les raffineries et les distilleries, la décortication du riz, les brasseries, la fabrication des produits chimiques, l'industrie des dentelles, etc.

LIÉGE. — Grandes fabriques d'armes, occupant 12,000 ouvriers, et produisant 500,000 armes de toutes sortes par an ; construction des machines ; filatures de lin ; ornements d'église ; clouterie.

MONS. — Immense production de houille ; fonderies, forges, verreries, et en général toutes les industries ayant intérêt à se grouper près des mines de houille; clouteries célèbres (la Belgique exporte 10,000 tonnes de clous par an).

CHARLEROI. — Grande production de houille; hauts fourneaux considérables dans les environs.

GAND.—Centre de l'industrie cotonnière en Belgique; on y compte 508,000 broches, et 8,000 métiers. 100,000 broches sont occupées pour le lin; la décortication du riz s'y fait sur une grande échelle (50,000 kilogrammes par jour). Les brasseries sont importantes, et fournissent par an 260,000 hectolitres de bière. On évalue le nombre des distilleries à 100 environ.

VERVIERS. — La fabrication des tissus de laine s'y est développée. Cette ville renferme 120 fabriques, dont la production totale en laines manufacturées peut être évaluée à près de 100 millions de francs.

NIVELLES. — Grandes papeteries donnant pour 3 millions et demi de papier par an; sucreries très-importantes : un seul établissement, celui de Waterloo, emploie 8 millions de kilogrammes de betteraves par an. On compte encore 11 distilleries donnant 150,000 hectolitres d'alcool, et 120 brasseries, fournissant par an 250,000 hectolitres de bière.

LOUVAIN. — Brasseries dont la production dépasse 200,000 hectolitres; fonderies de cloches très-importantes; tanneries.

NAMUR. — Coutelleries renommées.

ESPAGNE.

L'industrie de ce pays est plus avancée qu'on ne le croit généralement en France.

L'extraction minérale pourrait être très-active ; les mines de fer sont abondantes, leur produit se monte à 160,000 tonnes, et la quantité de fer fabriquée à 75,000 tonnes. C'est Oviedo qui est le centre de la métallurgie du fer. Le cuivre et le plomb abondent en Espagne, mais les mines sont loin de donner ce qu'elles pourraient produire. On cite cependant celles de Rio-tinto et de Chaparrita. Celles d'Almaden, dont l'exploitation est habilement dirigée, donnent 2,600,000 kilogrammes de mercure par an [1].

Une industrie tout à fait spéciale, c'est celle de la sparterie ; elle est concentrée à Las Aguilas, près Carthagène, et ce dernier port en expédie 20,000 tonnes par an ; 50,000 personnes y sont occupées entre Alicante et Almeria.

La ville la plus industrielle de toute l'Espagne, c'est Barcelone ; on y fabrique des tissus de toutes espèces, des velours et des foulards renommés ; 40,000 ouvriers résident à Barcelone même, mais la Catalogne tout entière en occupe 100,000. Après Barcelone on peut citer Reuss et Valence. Reuss contient 90 filatures et 6,000 métiers ; plusieurs huileries et quelques fabriques de produits chimiques. Valence est le centre de la fa-

[1] Les *Annales du Génie civil*, 4e année (1865), ont publié deux articles renfermant des détails très-complets et très-intéressants sur la métallurgie du mercure à Almaden.

brication des soieries; le tissage de la soie y produit par an 25 millions de francs, les toiles 3 millions, les carreaux vernissés autant, et une industrie toute spéciale, celle des éventails, plus de 500,000 francs. Barcelone et Valence occupent environ 2 millions de broches.

Malaga possède plusieurs raffineries, quelques filatures et tissages; elle possède également plusieurs fabriques de produits chimiques.

ÉTATS-UNIS.

L'immense développement de l'industrie et du commerce dans les États-Unis s'est surtout manifesté dans les États du Nord, colonisés les premiers : le Massachusetts, le New-Hampshire, l'État de New-York, la Pensylvanie, etc. La production des États du Sud est plutôt agricole que manufacturière. Cette inégale répartition a été une des grandes causes de la dernière guerre civile.

L'industrie minérale possède d'immenses bassins houillers, dont la production, bien que très-considérable, puisqu'elle dépasse 250 millions de quintaux métriques, peut être regardée comme faible relativement à leur étendue. La fabrication de la fonte et du fer y est gênée par la concurrence anglaise et par le haut prix de la main-d'œuvre; sa production va à 1,300,000 tonnes environ. Les autres métaux n'y sont pas l'objet d'une extraction très-active; cependant la Californie, outre les métaux précieux, fournit maintenant du cuivre et du plomb, et même du mercure, dont l'extraction s'élève à 1,300,000 kilogrammes. Il faut citer ici le pétrole, dont la production annuelle a dépassé 40 millions de kilogrammes [1]. Les gisements sont répandus dans la Virginie, le Kentucky, la Pensylvanie, l'Ohio, et sont surtout remarquables dans l'Alabama.

L'industrie du coton compte 7 millions et demi de broches ; la fabrication de la laine filée et tissée occupe 2,600 établissements, et le produit s'en élève à 500 millions. La production du papier emploie plus de 200 millions de kilogrammes de chiffons, provenant surtout de l'Italie, et le nombre des papeteries est de près de 800.

New-York. — C'est la métropole commerciale et industrielle de l'Union ; 2,800 établissements y occupent 100,000 ouvriers. Les objets principaux sur lesquels s'exerce l'industrie de cette ville sont : la construction des machines et des instruments d'agriculture, la fabrication de l'amidon, de la farine, le raffinage de sucre (100 millions de kilog. par an, etc.). Le mouvement commercial du port de New-York atteint presque celui de Liverpool, environ 1,700 millions.

Massachusetts. — C'est la contrée la plus active et la plus industrielle de l'Union américaine ; on y remarque : Lowel, dont les filatures renferment 400,000 broches, et qui produit par an 1,400,000 mètres de tapis. New-Bedford, le centre de tout ce qui a rapport à la pêche de la baleine ; cette ville renferme

[1] Voir *le Pétrole, ses gisements, son exploitation*, etc., par MM. Soulié et Haudouïn (*Bibl. des prof. ind. et agric.*, série D, nº 19).

un grand nombre d'huileries et de fabriques de bougies ; ses corderies sont sans rivales au monde, une seule usine y produit 500,000 kilogrammes de cordes par an. Newburg, filature renfermant 100,000 broches ; immense fabrication de chaussures à la mécanique, dont les produits dépassent 600,000 paires par an. Boston, qui est le chef-lieu, et qui est beaucoup plus remarquable au point de vue commercial que sous le rapport industriel.

New-Hampshire. — Cet État renferme plusieurs villes importantes : Nashua, son établissement a été déterminé par les célèbres chutes portant le même nom, dont le débit est de plus de 7 mètres cubes par seconde, et la hauteur de 20 mètres ; ses filatures emploient par an 20,000 balles de coton. C'est le centre de la fabrication des bobines et des navettes, dont elle approvisionne tout le reste de l'Union. Portsmouth, où la fabrication de la mousseline s'est principalement développée : la *Portsmouth steam factory* emploie seule 550 ouvriers, et fournit par an plus de 1 million de mètres de mousseline.

Pennsylvanie. — Les industries métallurgiques et chimiques ont établi dans cet État leurs centres principaux ; la production du fer s'y élève à 300,000 tonnes. La valeur des produits chimiques atteint 70 millions ; celle du sucre 30 millions ; celle des tissus 100 millions. La construction des navires y a acquis un haut degré de perfection ; les chantiers de cet État livrent par an 150 navires, jaugeant 20,000 tonneaux. Philadelphie, son chef-lieu, est une ville très-manufacturière. Pittsburg produit par an pour 50 millions de fer et de quincaillerie ; elle renferme 40 verreries et 35 distilleries.

Providence (comté de). — Ce pays renferme un grand nombre d'établissements de construction de machines. La fabrication des objets d'orfévrerie y a pris un grand développement ; il renferme 120 filatures de coton, et 25 filatures de laine.

Richmond, dans l'État de Virginie, est le centre de la fabrication du tabac, dont la valeur peut être estimée à 30 ou 35 millions, et constitue le tiers de celle de tout l'État de Virginie.

Saint-Louis (Missouri) occupe 10,000 ouvriers, et fournit des objets manufacturés pour une valeur de 90 millions. Ses fonderies, ses corderies, ses minoteries tiennent un rang élevé ; ses brasseries donnent par an 75,000 barils de bière.

New-Orléans est la métropole du golfe du Mexique ; son industrie est moins développée que son commerce.

Oswego. — C'est le plus grand centre de production de la farine qui existe. Les minoteries produisent 10,000 barils de farine par jour.

Quincy fournit aussi beaucoup de farine ; ses produits fabriqués consistent principalement en machines, en alcool, etc. La fabrication des articles en étain y est l'objet d'une exploitation considérable.

WORCESTER est renommée par ses tréfileries et ses fabriques d'armes ; le montant de sa production annuelle est évalué à 250 millions de francs.

FRANCE.

L'industrie minérale en France porte principalement sur l'extraction de la houille, qui donne 175 millions de quintaux métriques, et sur celle des minerais de fer, qui produit environ 13 millions de quintaux métriques. Le traitement des minerais de plomb fournit 400,000 quintaux métriques de plomb et de litharge, celui des minerais de cuivre produit environ 75,000 quintaux métriques de ce métal. Les autres minerais ne donnent que des quantités peu considérables.

La construction des machines a pris dans ces dernières années une extension considérable. Paris, Rouen, Mulhouse, Graffenstaden, le Havre, Lyon, Nantes, sont les centres principaux de cette industrie. Les machines à vapeur et les moteurs hydrauliques sont l'objet d'une fabrication extrêmement importante. On évalue à 32 millions la valeur des machines-outils construits annuellement, à 26 millions celle des locomotives, à 58 millions celle des machines employées dans les filatures.

La fabrication des produits chimiques est répartie

sur plusieurs points, mais principalement à Paris, Lille, Marseille, Lyon, Rouen, Saint-Gobain, Dieuze, Thann, etc. Les grandes usines d'acide sulfurique, de soude, de savon, de bougies, etc., fournissent pour environ 600 millions de produits, et la production totale annuelle peut être estimée à 1,100 millions. On compte en France 270 machines fabricant du papier blanc, et 230 machines produisant du papier d'emballage; 34,000 ouvriers sont occupés à cette fabrication, dont le produit atteint 130 millions de kilogrammes.

Les verreries, généralement massées près des lieux de production de la houille, occupent 35,000 ouvriers, et fournissent environ pour 75 millions de francs de verre manufacturé. Le cristal entre pour 12 millions dans cette évaluation.

Il est difficile d'apprécier la valeur totale des poteries fabriquées en France, mais les faïences, la poterie fine et la porcelaine produisent une somme d'environ 30 millions, dont les deux tiers pour la porcelaine.

Les fils et tissus de coton sont fabriqués principalement à Mulhouse, Rouen, Condé, Flers, Lille, Roubaix, Saint-Quentin, Amiens et Tarare. Le travail mécanique comprend 6,250,000 broches et 80,000 métiers; 200,000 métiers à bras contribuent en outre à cette fabrication.

L'industrie du lin et du chanvre est surtout importante à Lille, Dunkerque, Amiens, Cambrai, Chollet, Lisieux; elle emploie environ 600,000 broches.

La production des fils et des tissus de laine peignée a pour centres Reims, Roubaix, Saint-Quentin, Amiens, Mulhouse, Rouen, Guise, Paris. La laine cardée provient surtout d'Elbeuf, Sedan, Vienne, Bischwiller, Carcassonne, Saint-Pons.

La production totale dépasse 250 millions de francs.

La soie filée provient du midi de la France, les étoffes se font à Lyon et à Tours ; les rubans, à Saint-Etienne. L'exportation des soieries dépasse aujourd'hui 400 millions.

L'industrie des papiers peints[1], presque exclusivement parisienne, occupe 4,500 ouvriers et produit 18 millions de francs.

La coutellerie, dont Thiers, Châtellerault, Nogent et Paris sont les centres principaux, fournit des produits pour une somme de 20 millions ; plus de la moitié de cette somme est la part de Thiers et de ses environs.

L'horlogerie, concentrée surtout à Besançon, est dans une très-grande voie de prospérité. Sur 35 millions de produits, la fabrication de Besançon en donne 10, représentés par 300,000 montres.

La maroquinerie et la tabletterie, comprenant les petits meubles de fantaisie, sont des industries dont les centres sont Paris, Dieppe, Saint-Claude, Evreux et Beaumont. La valeur des objets fabriqués se monte à 60 millions.

Les châles, provenant principalement de Paris, représentent une somme de 20 millions, les tissus pour ameublement 60 millions, les tulles et blondes 75 millions ; la passementerie, occupant 30,000 ouvriers, 100 millions ; la bonneterie, une somme égale.

La fabrication des boutons fournit des articles dont

[1] Les *Études sur l'Exposition de* 1867 contiennent une monographie très-complète sur l'industrie des papiers peints.

la valeur dépasse aujourd'hui 45 millions de francs ; 22,000 ouvriers sont employés dans cette industrie, qui figure pour une somme importante dans les produits exportés. Elle est concentrée dans le département de l'Oise, à Montereau et à Creil.

Les armes portatives, provenant de Paris et de Saint-Etienne, représentent une valeur de 15 millions. La bimbeloterie, industrie essentiellement parisienne, occupe 2,300 ouvriers, et produit 12 millions.

HOLLANDE.

L'industrie hollandaise ne comporte pas l'exploitation des mines, sauf celles du Limbourg, la nature de son sol s'y oppose. La vapeur et surtout le vent sont les moteurs le plus généralement employés ; les moulins à vent couvrent le territoire de la Hollande ; on évalue leur nombre à 11,000 au moins, et la somme nécessaire à leur entretien, à 15 millions de francs. On les utilise surtout pour les épuisements. Dans les villes importantes, Rotterdam, Dordrecht, Amsterdam, ils sont employés pour le sciage du bois, la mouture des grains, etc.

Utrecht et Amsterdam produisent des velours gaufrés, dont la réputation est bien connue ; Leyde fournit une quantité considérable de couvertures de laine. Les tapis se fabriquent à Deventer. Les produits chimiques, à Amsterdam et à Utrecht ; dans la première de ces deux villes, une industrie spéciale s'est concentrée, la fabrication du cinabre, qui produit 30,000 kilogrammes par an ; dans la deuxième, celle de l'acide sulfurique.

La construction des navires et toutes les branches d'industrie qui s'y rapportent, la fabrication des briques, celle des appareils d'épuisement, celle des fromages, etc., donnent lieu à un mouvement d'affaires très-considérable ; néanmoins, la Hollande est un pays plus commercial qu'industriel, le chiffre des exportations dépasse 700 millions de francs, et celui des importations atteint presque 1 milliard.

ITALIE.

L'industrie italienne, bien qu'à sa naissance, a déjà acquis une importance que nous devons signaler : l'extraction des minerais, la fabrication des tissus et des soieries y tiennent une large place.

La métallurgie et l'exploitation des mines sont surtout importantes en Toscane, l'extraction des minerais de fer donne environ 700,000 tonnes. La production totale du cuivre en Italie s'élève à 1,200 tonnes, provenant surtout des gisements célèbres de Monte-Catini et d'Aosta, dont les minerais renferment 25 pour 100 de métal. Le cinabre est exploité à Val Sassina, à Ripa et à Siele, près Grossetto ; les mines de Siele produisent 2,500 kilogrammes de mercure par an. Les minerais de plomb de Monteponi fournissent environ 300 tonnes ; la production totale de l'Italie peut être évaluée à 1,000 tonnes de galène et à 5,000 tonnes de plomb. Les mines de Varallo val de Sesia donnent par an 25 tonnes de nickel.

Le soufre de Sicile alimente presque toutes les industries d'Europe ; 20,000 ouvriers sont occupés à l'extraction et au traitement de ce produit, dont la quantité livrée au commerce s'élève à 250,000 tonnes par an.

Les produits chimiques ne sont pas en Italie l'objet d'une fabrication très-importante, sauf quelques grandes usines. Il faut en excepter le sel commun et l'acide borique. Le sel de Sardaigne revient à très-bon marché, la production en est concentrée à Cagliari et à Carloforte ; ces deux établissements fournissent par an 20,000 tonnes de sel. L'acide borique de Toscane provient surtout des Lagoni de Monte-Cerboli, Castelnuovo et Sasso ; la quantité d'acide sec vendu annuellement peut être évaluée à 2,250 tonnes.

L'industrie du corail occupe 290 navires et 2,000 hommes ; le produit en est représenté par 1,500,000 kilogrammes de corail, traité généralement près de Naples, à Torre del Greco.

L'Italie consomme par an 20 millions de kilogrammes de coton brut et renferme 1,500,000 broches environ.

La production de la soie est une des branches les plus importantes de l'industrie italienne, sa valeur annuelle dépasse aujourd'hui 300 millions.

Gênes est une des villes les plus industrielles, elle renferme environ 12,000 ouvriers ; le territoire qui l'entoure compte 40,000 ouvriers et 2,300 métiers pour le traitement des matières textiles. La fabrication des pâtes d'Italie y est concentrée depuis fort longtemps. Cinquante établissements emploient pour cette production 500,000 quintaux métriques de blé par an.

PISE. — Cette ville renferme plusieurs fabriques de tissus; elle est surtout célèbre à cause de ses établissements pour la teinture du coton en rouge.

MILAN. — Passementerie renommée. Le Milanais renferme 60 métiers Jacquard, 600 métiers ordinaires et 650 métiers à épis. La production de la passementerie d'église seule peut être évaluée à 1 million de francs. On compte dans la province 2,300 métiers pour la soie, 100 filatures et 90,000 broches pour le coton.

MESSINE. — On évalue à 60 le nombre de métiers pour la soie qui y sont établis; on y emploie 6,000 kilogrammes de soie brute.

CATANE. — Environ 250 métiers à rubans y fonctionnent, et 2,000 ouvriers y sont employés au travail de la soie. Messine et Catane produisent par an 17,000 kilogrammes de soie filée.

PRUSSE.

L'extraction de la houille se monte à un total qui dépasse 165 millions de quintaux métriques. La production du fer monte à 450,000 tonnes, celle de la fonte à 900,000 tonnes, celle de l'acier à 80,000 tonnes. Les usines les plus importantes sont celles de la société de Bochum, de Goffontaine et surtout celle d'Essen, près Cologne, appartenant à M. Krupp.

La quantité de plomb produite est de 2,600,000 quintaux métriques ; ce métal est traité surtout à Friedrichshutte près Tarnovitz et à Eschwiller (Stolberg). L'argent provenant des plombs argentifères se monte à une somme assez élevée. La quantité de zinc livrée au commerce est évaluée à 820,000 quintaux métriques. Il provient de Kœnigshutte et de Breslau (Silésie) ainsi que d'Iserlohn. Cette industrie occupe 10,000 ouvriers et comprend plus de 100 établissements. L'exploitation du nickel et du cobalt, qui est importante, se fait surtout à Schwarzenfeld, Iserlohn et Riegelsdorf. Quant au cuivre, sa production s'élève à 6,000 tonnes, celle de l'antimoine à 6,200 kilogrammes, et celle du mercure à 2,700 kilogrammes.

Les industries chimiques sont très-importantes en Prusse : l'acide sulfurique, la soude, le savon, la bougie, etc., sont fabriqués dans un grand nombre d'établissements. Il faut mentionner à Hambourg et à Berlin le traitement de la cryolite du Groënland ; à Stassfurt, l'exploitation des roches potassiques. Le sulfate de cuivre se fabrique en grand à Rammelsberg. Les sucreries sont au nombre de 225 ; elles emploient par an près de 40 millions de betteraves. Les couleurs proviennent principalement de Duisbourg et de Ruhrort ; les allumettes chimiques, de Suhl, où on remarque la belle usine de M. Peter.

La quincaillerie est l'objet d'une importante fabrication, concentrée principalement à Remscheid et à Iserlohn ; celle de la coutellerie et des armes s'est développée à Solingen, dont les usines sont alimentées par les aciéries du Stolberg. Les aiguilles que l'Allemagne nous envoie en grande quantité proviennent d'Iserlohn et surtout d'Aix-la-Chapelle.

La Prusse possède 600,000 broches pour le coton et 100,000 pour le lin. La production de la laine manufacturée dépasse 120 millions de francs. Les soieries sont l'objet d'une assez grande fabrication, concentrée surtout à Elberfeld.

RUSSIE.

L'industrie russe est loin d'être sans importance, non-seulement sous le rapport de la production métallurgique, dont la valeur est bien connue, mais encore au point de vue de la fabrication des produits chimiques, des tissus, des machines et même des articles de luxe.

La région de l'Oural produit en abondance les métaux précieux et le cuivre, il en est de même de celle de l'Altaï et de la province de Nertchinsk. La quantité d'or extraite annuellement s'élève à 24,000 kilogrammes, celle de l'argent à 16,000 kilogrammes, et celle du platine à 1,800 kilogrammes. — Le cuivre de Russie est d'une qualité supérieure, et sa production peut être évaluée à 5 millions de kilogrammes. Le plomb y est aussi l'objet d'une exploitation importante.

Outre les fers de l'Oural, ceux du gouvernement d'Olonetz et ceux du Don sont excellents. La production de la fonte s'élève à près de 300,000 tonnes ; celle du fer à 180,000 tonnes et celle de l'acier à 1,400,000 kilogrammes. La houille extraite ne représente guère que 3 millions de quintaux métriques.

L'exploitation des mines occupe en Russie environ 550,000 ouvriers.

Le graphite est exploité en Sibérie, à Bogodolsk, dans le district d'Irkoutsk ; sa production atteint 10,000 kilogrammes par an.

La fabrication des produits chimiques ne manque pas d'importance ; les sucreries y sont au nombre de plus de 400.

Les matières textiles sur lesquelles s'exerce l'industrie russe sont le coton, la laine et le lin. Le coton est manufacturé dans 600 établissements, comprenant 2,300,000 broches et produisant 43 millions de kilogrammes. — Les fils et tissus de laine, dont les fabriques sont situées surtout en Pologne et en Finlande, représentent une valeur de 300 millions.

SAINT-PÉTERSBOURG. — La capitale de la Russie renferme 600 usines, dont les produits divers sont évalués à 250 millions. Les fabrications les plus importantes sont celles des tissus de coton, des produits chimiques, du sucre et de l'alcool ; ces deux dernières sont très-importantes.

MOSCOU. — Le gouvernement qui a pour capitale

la deuxième ville de l'empire russe comprend, comme industries saillantes, celles des tissus de lin, de coton et de laine, qui occupent près de 50,000 ouvriers; en second ordre viennent les produits chimiques et le tabac.

ODESSA. — Corderies célèbres, immense production de chandelles, fonderies considérables, teinture en rouge d'Andrinople ; le commerce d'Odessa est très-important.

NIJNI-NOVOGOROD. — Grandes fabriques d'acier et de cordages, construction de bâtiments en fer pour la navigation du Volga ; la célèbre foire de cette ville y amène un million de voyageurs et 350 millions de marchandises.

PSKOW. — Le territoire de ce gouvernement produit du lin en abondance. Près de 6,000 ouvriers sont employés au teillage de cette matière textile. Les tanneries fournissent par an près de 200,000 peaux.

PERM (gouvernement de). — Production du fer, de la fonte et du cuivre. C'est de ce territoire que proviennent les fers à acier de Starocsobol. Ses salines produisent par an plus de 6 millions de kilogrammes de sel. On y remarque plusieurs tailleries de pierres fines importantes.

EKATHERINBOURG. — Usines à fer ; établissements importants pour la taille et le polissage des pierres dures et du marbre.

Riga. — Production du lin. Draps et velours célèbres ; fabrication des chandelles et du savon, raffineries importantes.

SAXE.

L'industrie minérale en Saxe est bien développée, l'Erzgebirge saxon est riche en minerais de toutes sortes. La presque totalité du bismuth consommé en Europe provient de Sneeberg et de Johanngeorgenstadt. La production du cobalt est de 600 quintaux métriques, celle de l'étain de 1,700 quintaux métriques par an.

Chemnitz et Leipzig en sont les villes les plus industrielles. Les tissus de coton et surtout les mousselines, les organdis et les guimgamps se fabriquent en assez grande quantité en Saxe. Chemnitz est le centre de cette fabrication. A Leipzig, l'industrie est plutôt développée du côté des produits chimiques ; ses pianos et ses toiles cirées jouissent d'une grande réputation en Allemagne. C'est principalement la typographie et la librairie qui font l'objet de l'industrie de cette ville.

SUÈDE ET NORWÈGE.

La production des métaux est la branche d'industrie la plus considérable de la Suède, où les mines abondent. Les fers, presque tous au bois, sont excellents pour la fabrication de l'acier; leur production dépasse aujourd'hui 150,000 tonnes par an.

Le cuivre est exploité à Atvidaberg, à Jemtland, à Stora et surtout à Falhun, dont les mines fournissent presque la moitié du produit total, environ 8,000 tonnes. La quantité du cobalt livrée au commerce dépasse 3,000 quintaux métriques. Le chrome ou plutôt les produits qui en dérivent forment une industrie importante à Drontheim et à Leeven.

L'industrie des matières textiles a fait de grands progrès. On compte 300,000 broches pour le coton ; pour la laine, on évalue le nombre des établissements à 110, et celui des ouvriers qui y sont occupés à 3,200. Nowkoping fournit les cinq sixièmes de la production totale de la Suède, en laine tissée.

La pêche est une des grandes industries de la Norwége. D'après une statistique officielle, on y comptait, en 1865, 5,661 bateaux exclusivement employés à la pêche et ayant 20,818 hommes d'équipage. Parmi les exportations annuelles, nous citerons 405,000 kilogrammes de guano de poisson, 12 millions de kilogrammes de stockfish, 16 millions de klipfish (dont 13 millions de kilogrammes pour l'Espagne), 1 million de barils de harengs, 5 millions de litres d'huile de poisson et plus de 1 million de homards.

QUATRIÈME PARTIE

PROTECTION DES DESSINS, DES OBJETS D'UTILITÉ ET DES MARQUES DE FABRIQUE

—

FRANCE.

MARQUES DE FABRIQUE.

La loi qui régit la question des marques de fabrique, en France, porte la date du 23 juin 1857.

Obligatoire antérieurement à la révolution de 1789, la marque est devenue facultative et la nouvelle législation a consacré de nouveau ce principe. Elle est devenue un certificat d'origine et constitue une sorte de signature que met sur son œuvre le fabricant soucieux d'en revendiquer le mérite ou d'en accepter la responsabilité. Ce qu'on entend principalement au point de vue légal par ce terme, ce sont les noms sous une forme distinctive, les dénominations, emblèmes, empreintes, timbres, cachets, vignettes, reliefs, lettres, chiffres, enveloppes, etc., placés sur les produits par le commerçant ou par le fabricant.

Bien que l'emploi de la marque soit facultatif d'après la loi dont nous parlons, l'obligation a été maintenue à l'égard de certains produits, tels que les livres, les matières d'or et d'argent, les armes, les savons, les cartes à jouer, les velours, les draps, les tulles de coton, etc. Ces prescriptions n'ont d'autre but que d'apporter des entraves aux falsifications.

Pour être reconnue légale, la marque de fabrique doit être déposée au greffe du tribunal de commerce.

Le modèle à fournir consiste en deux exemplaires, sur papier libre, d'une gravure ou d'une empreinte représentant la marque adoptée. Un des exemplaires est collé par le greffier sur un registre public, l'autre est déposé au Conservatoire des arts et métiers. Une expédition du procès-verbal est remise au déposant ou à son mandataire.

L'effet du dépôt ne dure que quinze ans; mais la propriété de la marque peut toujours être conservée pour un nouveau terme de quinze ans, au moyen d'un nouveau dépôt.

Les registres et les modèles déposés au Conservatoire des arts et métiers sont communiqués, sans frais, à toute réquisition.

Non-seulement les étrangers résidant en France et y possédant un établissement peuvent jouir des bénéfices de la loi, mais encore les fabricants étrangers ou Français dont les établissements sont situés au dehors du territoire peuvent réclamer sa protection. Néanmoins, une juste restriction a été apportée à l'exercice de ce droit, en ce sens qu'on n'a admis à en profiter que les pays dont les lois accordent le même privilége à nos nationaux. Aujourd'hui, du reste, des traités ou des conventions établissant cette réciprocité ont été conclus entre la France et presque toutes les autres nations étrangères. Cependant les marques étrangères doivent, comme les nôtres, être déposées au greffe du tribunal de commerce de la Seine.

Une amende de 50 à 3,000 francs et un emprisonnement de trois mois à trois ans, ou bien l'une de ces peines est encourue :

1° Par celui qui contrefait une marque déposée, appartenant à un fabricant ou à un commerçant;

2° Par celui qui se sert d'une marque dérobée à une autre personne;

3° Par celui qui a sciemment vendu ou mis en vente un ou plusieurs produits revêtus d'une marque contrefaite ou frauduleusement apposée.

Une imitation frauduleuse est punie d'une peine un peu moins grave.

Les actions civiles relatives aux marques sont portées devant les tribunaux civils et jugées comme matières sommaires. Le propriétaire peut traduire le prévenu devant le tribunal civil ou devant le tribunal correctionnel, comme nous l'avons vu en matière de brevets, et la procédure est analogue à celle suivie dans les procès en contrefaçon. (V. page 48.)

Les produits étrangers portant soit la marque, soit le nom d'un fabricant résidant en France, soit l'indication du nom ou du lieu d'une fabrique française, sont prohibés à l'entrée et exclus du transit et de l'entrepôt; ils peuvent être saisis, en quelque lieu que ce soit, par les douanes, le ministère public ou la partie lésée.

DESSINS ET MODÈLES INDUSTRIELS.

Il est important de bien faire comprendre ce que la jurisprudence entend par ces deux mots, dont le sens, légèrement élastique, a donné lieu à des interprétations extrêmement divergentes.

On doit entendre par dessins de fabrique, les dessins appliqués aux étoffes, toiles cirées, tapis, dentelles, passementeries, papiers peints, cuirs, couvertures de livres, poteries, porcelaines, faïences, tôles vernies ou découpées, etc.; par modèles, les objets en relief ayant le caractère d'ornements produits par le moulage, l'estampage, le découpage, etc.; fontes, porcelaines, objets emboutis et autres. Mais, nous le répétons, les dessins et modèles doivent avoir pour destination une ornementation quelconque, autrement nulle protection ne saurait leur être accordée.

Une foule de petits objets dont la forme constitue le principal mérite, mais qui sont destinés à servir au point de vue de l'utilité et non à celui de l'ornementation, restent sans protection efficace. Également éloignés des produits brevetables et des dessins ou modèles dont nous nous occupons actuellement, nulle loi ne les défend contre la contrefaçon, au grand détriment des inventeurs et du public.

On en reçoit néanmoins le dépôt au greffe du Conseil des prud'hommes, par une tolérance qui est regrettable, puisqu'elle est de nature à induire en erreur les personnes de bonne foi et à les porter à entreprendre une fabrication dont les produits deviendraient la proie des contrefacteurs.

La loi anglaise, dont nous parlerons plus loin, a comblé cette lacune.

Les dessins de fabrique doivent être essentiellement nouveaux pour rentrer dans la catégorie de ceux que protége la loi du 18 mars 1806. Cette protection n'est effective qu'à la condition du dépôt préalable, aux archives du Conseil des prud'hommes, d'un échantillon placé sous enveloppe, revêtu du sceau de l'inventeur et portant sa signature. Quand il est impossible de déposer un échantillon en nature, on peut fournir un dessin (colorié s'il y a lieu) de la disposition qu'on veut appliquer aux étoffes, cuirs, papiers, etc. Il est important que le dépôt soit effectué avant la mise en vente : il a, en effet, pour but d'établir la priorité, mais il ne constitue pas un avertissement donné aux autres fabricants ou aux autres dessinateurs, puisque, maintenu sous les scellés dans les archives, personne ne peut l'examiner. Cette absence de publicité est fâcheuse en ce sens qu'on ne peut venir s'assurer si un dessin que l'on croit nouveau n'a pas déjà été déposé légalement.

En déposant son échantillon ou son dessin, le fabricant doit déclarer s'il entend se réserver la propriété pendant une, trois ou cinq années, ou à perpétuité. La contrefaçon est punie d'une amende de 100 à 2,000 francs, et la jurisprudence a admis qu'il suffit que le dessin incriminé reproduise le caractère principal du dessin déposé pour que le délit soit constaté. Quelques changements de peu de valeur ne sauraient constituer un motif pour en admettre la nullité.

Le propriétaire d'un dessin déposé qui veut intenter

une action, peut s'adresser au tribunal de commerce ou au tribunal correctionnel. Cette dernière voie, plus économique et plus rapide, est généralement préférée.

ANGLETERRE.

MARQUES DE FABRIQUE.

La loi anglaise sur les marques de fabrique (*the merchandise Marks, act* 1862) a été promulguée à la suite du traité de commerce du 10 mars 1860. Elle accorde aux étrangers, sans distinction, les mêmes priviléges qu'aux nationaux, et ne réclame pas de réciprocité de la part de leurs gouvernements respectifs. L'expression *marque de fabrique* comprend tout nom, signature, mot, lettre, devise, emblème, figure, signe, sceau, timbre, diagramme, carte, étiquette, etc., apposé sur un produit industriel ou commercial.

Le délit de contrefaçon consiste dans l'application d'une marque avec intention de tromper. L'application de la marque aux caisses, vases, enveloppes, emballages quelconques rentre dans cette catégorie.

En cas de fraude, l'amende encourue par le contrefacteur est fixée à un minimum de 12 francs et à un maximum de 125 francs; mais les objets sont confisqués et vendus au profit de la Reine. Le refus de déclarer la manière dont on a acquis un produit portant une fausse marque, est puni d'une amende de 125 francs, et constitue, *prima facie*, une preuve de culpabilité. L'indication d'une fausse quantité placée sur un article dans l'intention de tromper, et la mise en vente de cet article entraînent la confiscation et une amende de 12 à 125 francs.

La prescription relative au délit de contravention à cette loi est fixée à trois ans, à partir du fait même de la contrefaçon, ou à un an à partir du moment où ce fait sera parvenu à la connaissance du vrai propriétaire de la marque. Il est entendu aussi que tout marchand mettant en vente un article portant une marque de fabrique est censé se porter garant de sa validité et répondre de la quantité véritable, si cette désignation de quantité est inscrite sur l'objet mis en vente.

Telles sont les prescriptions rigoureuses de cette loi, dont la conclusion du traité de commerce anglo-français a provoqué la promulgation.

DESSINS DE FABRIQUE.

C'est en 1787 que fut édictée la première loi anglaise protégeant la propriété des dessins industriels (27, *Georges III*, *c.* 38); mais les lois aujourd'hui en vigueur datent des 10 août 1842, 22 août 1843, 4 août 1850, 2 août 1858 et 6 août 1861. Il faut bien comprendre que la protection accordée par la loi anglaise ne s'applique qu'à la forme et ne se rapporte nullement aux instruments, machines ou procédés de fabrication. L'enregistrement préalable est de deux sortes : ou il a lieu pour une catégorie de formes exclusivement ornementales, ou bien il s'applique à une série d'objets destinés à des usages divers, mais dont le but est l'utilité (*articles of utility*). Quelle que soit la nature du dessin ou de l'objet, la nouveauté de sa forme est toujours une condition indispensable pour qu'il puisse être valablement enregistré.

Tous ces articles ont été divisés en treize classes, dont voici l'énumération :

Classe 1. Articles fabriqués, en tout ou en partie, d'un ou de plusieurs métaux.
— 2. Bois ouvré.
— 3. Verre.
— 4. Terre, porcelaine, ivoire, os, papier mâché, etc.
— 5. Papiers peints.
— 6. Tapis, toiles cirées.
— 7. Châles imprimés après leur fabrication.
— 8. Châles non compris dans la classe 7.
— 9. Laines filées, fils de lin imprimés ou teints après leur fabrication.
— 10. Étoffes de lin, coton, laine, soie, imprimées après leur tissage.
— 11. Tissus d'ameublement imprimés après leur fabrication, et dont les dessins ont plus de 30 centimètres sur 20 centimètres.
— 12. Tissus non compris dans les classes 8, 10 et 11.
— 13. Lacets, passementeries et autres articles analogues.

Les objets compris dans les classes 1, 2, 3, 4, 5, 6, 8, 11 sont protégés pour trois ans.

Ceux désignés dans les classes 7, 9, 10, pour neuf mois ; les articles de la classe 12, pour un an, excepté les étoffes damassées, qui peuvent l'être pour trois ans.

L'enregistrement doit être fait avant l'exploitation, et tout propriétaire d'un dessin est obligé, sous peine de déchéance, de marquer les objets mis en vente des lettres « Rd » (*registered* — déposé).

Pour faire enregistrer des dessins d'articles de métal, de bois, de terre, de verre, etc., il faut produire deux calques ou deux dessins de l'objet nouveau ou de la partie de cet objet qui est nouvelle ; il est nécessaire, en outre, de spécifier si c'est le dessin tout entier ou seulement une partie de ce dessin pour lequel on réclame protection.

Si on veut déposer des tissus, des papiers peints ou autres articles semblables, un échantillon devra être produit, mais il faut remarquer que ses dimensions ne doivent pas dépasser 1m,10 sur 58 centimètres, et il faut leur adjoindre un tracé du dessin.

Une protection de trois ans est accordée à tous les articles de fabrique ayant un but d'utilité, en ce qui concerne leurs formes ou une partie de leurs formes.

Le dessin qu'on produit doit faire voir l'objet géométriquement et non en perspective ; une description complète doit être jointe au dessin de l'objet qui, quand il est mis en vente, doit porter le mot « *Registered* » ainsi que la marque du dépôt.

Il faut remarquer que s'il s'agit d'une lampe, par exemple, la loi ne protége en aucune façon la manière dont elle fonctionne, le mécanisme faisant ou pouvant faire le sujet d'une patente ; mais elle protége, au contraire, la forme extérieure et le contour de la lampe. Cette catégorie d'objets comprend tous ceux dont la forme est la partie importante et dont le caractère ornemental n'est pas suffisamment tranché pour les mettre au rang de ceux dont nous venons de parler, tandis que, d'un autre côté, ils ne peuvent être considérés comme brevetables dans l'acception légale de ce mot.

D'après le statut 13 et 14 *Victoria*, *c.* 104, tout article susceptible d'être déposé peut être l'objet d'un enregistrement provisoire qui a pour effet d'empêcher la contrefaçon pendant un an, ce terme pouvant être prolongé de six mois par une décision motivée du *Board of Trade*.

Cet enregistrement provisoire ne donne pas au propriétaire d'un dessin le droit de mettre en vente les objets fabriqués d'après lui, mais il lui permet de céder le droit de reproduction, lequel ne peut être exercé qu'après l'enregistrement définitif.

Les dessins dont la protection est expirée sont mis à la disposition du public, qui peut les consulter moyennant un droit de 1 fr. 25 c. par volume. Quant à ceux dont le monopole est encore en vigueur, ils ne peuvent être communiqués qu'avec l'autorisation du propriétaire, et il est, en tout cas, interdit d'en prendre copie.

Depuis le 6 août 1861, les dispositions qui précèdent sont applicables aux objets fabriqués ou dessinés à l'étranger, et les fabricants ou dessinateurs français jouissent, à cet égard, en Angleterre, des mêmes priviléges que les nationaux.

La contrefaçon des dessins ou des articles d'utilité enregistrés suivant la loi est punie d'une amende de 125 à 750 francs, et des dommages-intérêts peuvent être aussi demandés par la partie lésée.

Quand une exposition industrielle a été autorisée par

les Lords du Conseil privé pour le commerce et les colonies, le fait de la présence d'un dessin, d'un modèle, d'un objet d'utilité et même d'une machine ou d'un produit brevetable à cette exposition, ne peut invalider les droits des inventeurs, quand ces dessins ou ces produits n'ont pas été l'objet d'un dépôt ou d'une demande de patente, à la condition, toutefois, que la durée de cette exposition n'excède pas six mois.

AUTRICHE.

MARQUES DE FABRIQUE.

D'après la loi du 7 décembre 1858, le choix de la marque de fabrique est facultatif, sauf certaines restrictions de convenance ; néanmoins, la même marque ne peut servir qu'à deux industries s'exerçant sur des produits différents ; elle doit être déposée en double exemplaire à la Chambre de commerce et d'industrie du district où réside le fabricant. L'un des exemplaires est rendu et sert de titre. Les registres sont publics, et le droit à une marque donnée peut se transmettre par l'acte de vente même de la fabrique qui la possède. Le nouveau propriétaire est obligé de faire enregistrer cette mutation, à moins qu'il ne s'agisse d'une veuve ou des héritiers mineurs du chef de l'établissement.

Les dommages-intérêts, en cas de contrefaçon, sont fixés d'après le droit commun, et l'amende peut s'élever à 1,200 francs. La personne lésée peut obtenir la saisie des marchandises sur lesquelles la contravention a été

6.

signalée, ainsi que celle des instruments ayant servi à l'appliquer.

Les constatations se font à dire d'experts, dont le jugement ne peut être attaqué que pour vice de forme.

DESSINS ET MODÈLES.

On peut faire protéger d'une manière exclusive l'exploitation des dessins et des modèles de fabrique pendant trois ans, à partir de la date du dépôt. L'enregistrement se fait en déposant un dessin ou un modèle, sous pli cacheté ou à découvert, à la Chambre de commerce du district où on veut élire domicile. On doit exploiter le dessin en Autriche dans le délai d'un an, et le droit cesse si on introduit dans ce pays des objets fabriqués sur le même modèle en pays étrangers.

En cas de contravention l'amende est la même que pour les marques de fabrique, et le jugement a la même sanction.

BAVIÈRE.

Suivant la loi du 6 mars 1840, on peut faire enregistrer une marque de fabrique, laquelle est alors inscrite sur un registre toujours ouvert au public. C'est la police du district où réside l'industriel qui est chargée de faire exécuter la loi et d'avertir les contrefacteurs, sur l'avis donné par la partie lésée. En cas de refus d'obtempérer à cet avis, le délinquant encourt une amende de 25 à 125 francs, et, en cas de récidive, la fabrique peut être temporairement fermée, outre l'action du demandeur, conformément au droit commun.

BELGIQUE.

C'est le décret de Napoléon Ier, du 8 mars 1806, qui protége la propriété exclusive des dessins, et ce sont les lois françaises antérieures à 1857 qui règlent la question des marques de fabrique. — Cependant nous devons dire que les fabriques de pipes et de drap sont tenues d'avoir une marque spéciale. Pour les autres industries, elle est facultative.

ESPAGNE.

La marque de fabrique est obligatoire pour les draps seulement. — Le Code pénal (art. 217) punit de l'emprisonnement et d'une amende qui peut aller à cinq cents ducats la contrefaçon des marques de fabrique.

ÉTATS-UNIS.

La loi du 29 août 1842 réserve le droit à la protection des dessins et des marques de fabrique aux citoyens de l'Union ou aux étrangers ayant au moins un an de résidence et prêtant serment de leur intention de se faire naturaliser.

HOLLANDE.

Il n'y a pas de loi spéciale; les contraventions sont jugées d'après le droit commun.

ITALIE.

Les Français jouissent en Italie des mêmes droits que les Italiens, en ce qui concerne la protection des dessins et des marques de fabrique. (Convention du 29 juin 1862.)

D'après la loi du 12 mars 1855, les marques de fabrique, en Italie, doivent indiquer le lieu d'origine et contenir le nom de l'établissement. Cependant, une simple signature peut constituer une marque suffisamment légale. Le successeur ou l'héritier doit en renouveler le dépôt pour conserver le droit exclusif de s'en servir. Un commerçant a le droit d'apposer une nouvelle marque sur les produits qu'il achète pour les revendre, mais il ne peut supprimer celle du fabricant. Le service des marques dépend du ministère des finances; on doit, pour s'en assurer la propriété, en déposer deux exemplaires accompagnés de deux descriptions et d'une indication de l'usage auquel elle est destinée.

Les fabricants étrangers qui importent des marchandises en Italie doivent opérer le dépôt de la marque qu'ils emploient dans leur pays de la manière que nous venons d'indiquer. Les contraventions sont sévèrement punies. Le tribunal peut faire vendre les objets saisis et en ajouter le prix au montant des dommages-intérêts, ordonner la destruction des marques et publier le jugement dans cinq journaux.

PRUSSE — ZOLLVEREIN.

Les Français jouissent en Prusse et dans tout le Zollverein des mêmes priviléges que les nationaux, en vertu du traité de commerce du 2 août 1862.

En Prusse, le Code pénal punit d'une amende dont le maximum peut atteindre 3,700 francs, et même d'un emprisonnement, la contrefaçon des marques de fabrique.

RUSSIE.

Par suite du traité de commerce du 14 juin 1857, les fabricants français, pour s'assurer la protection de l'ordonnance de police au sujet des marques de fabrique, doivent déposer les leurs à Saint-Pétersbourg, au département du commerce et des manufactures.

La contrefaçon est punie de la confiscation des marchandises et d'une amende assez élevée.

Les dessins ou modèles provenant d'une fabrique sont de droit regardés comme étant la propriété du chef de l'établissement.

Quant aux dessins ou modèles dont on veut s'assurer la propriété exclusive, il faut adresser une pétition au ministre des finances, ainsi que deux exemplaires des dessins, s'il s'agit d'un dessin, ou de la reproduction du modèle, s'il est question d'un modèle.

La durée du privilége varie de un à dix ans, suivant le désir exprimé par le propriétaire dans sa pétition.

L'amende encourue par le contrefacteur est, au maximum, de 800 francs, sans préjudice des dommages-intérêts.

SAXE.

La convention du 19 mai 1856 établit le droit des fabricants français à la protection des lois saxonnes, à la condition du dépôt des marques françaises en Saxe.

SUÈDE.

D'après la convention du 14 février 1865, les Français jouissent, en Suède, de la même protection que les nationaux. La marque de fabrique, obligatoire en Suède pour les fabricants suédois, ne l'est pas pour les étrangers dont les produits sont estampillés par la douane. La contrefaçon des marques et des estampilles est punie par les lois ordinaires.

FIN.

TABLE DES MATIÈRES

PREMIÈRE PARTIE.

Conseils généraux aux inventeurs.

DEUXIÈME PARTIE.

Résumé sommaire des lois sur les brevets d'invention en vigueur dans les principaux pays industriels.

TROISIÈME PARTIE.

Répartition géographique de l'industrie.

QUATRIÈME PARTIE.

Protection des dessins, des objets d'utilité et des marques de fabrique.

Paris. — Typographie Hennuyer et fils, rue du Boulevard, 7.

ENSEIGNEMENT PROFESSIONNEL

BIBLIOTHÈQUE
DES
PROFESSIONS INDUSTRIELLES
COMMERCIALES ET AGRICOLES

PARIS

J. HETZEL ET Cie, ÉDITEURS

18, RUE JACOB, 18

CATALOGUE **B.-B.**

Figure spécimen du *Guide pratique de l'ouvrier mécanicien.* (Voir page 37.)

BIBLIOTHÈQUE
DES
PROFESSIONS INDUSTRIELLES
COMMERCIALES ET AGRICOLES

Parmi les bibliothèques spéciales, techniques plutôt, qui tiennent ou commencent à tenir une si grande place dans la librairie contemporaine, il faut citer au premier rang la *Bibliothèque des professions industrielles, commerciales et agricoles*, mise en vente par la librairie Hetzel, et qui comprend déjà 123 ouvrages formant 126 volumes accompagnés de 5 atlas. Le champ est vaste de toutes les connaissances exigées, ou qui devraient l'être, par ceux, — et le nombre en est de plus en plus considérable, — qui se destinent à l'industrie, au commerce ou à l'agriculture. Autrefois, il n'y a pas longtemps encore, la seule science à peu près reconnue était la routine. En tout, partout, dans les grandes comme dans les petites exploitations, on tenait à ne pas s'éloigner des habitudes et des traditions transmises. Cela faisait, en quelque sorte partie de l'héritage.

Depuis quelques années, nous commençons, en France, à nous affranchir de ces méthodes arriérées. C'était bon de s'enfermer dans sa coquille quand les communications étaient difficiles, quand on se suffisait, pour ainsi dire, chacun chez soi, et quand on n'avait qu'un médiocre intérêt à suivre les progrès de l'industrie, par exemple, puisque la production répondait à la consommation. Aujourd'hui, ce n'est plus tout à fait cela; c'est à qui fera le mieux, et, en même temps, fera le plus vite. La rapidité des transports, la rapidité des demandes qui peuvent être transmises, le même jour, d'un bout du monde à l'autre, ont provoqué une concurrence presque sans limites, et c'est tant pis pour ceux qui, s'en tenant aux vieux moyens, n'ont à leur service qu'un outillage inférieur. N'en pourrait-on dire autant pour l'agriculture, si complètement transformée depuis quelques années? et même pour le commerce, dont les relations, au lieu d'être limitées, confinées dans un certain rayon, sont aujourd'hui universelles?

Quoi de plus naturel que d'étudier les conditions nouvelles auxquelles sont soumises les industries diverses, les transactions commerciales, les exploitations agricoles? Et en même temps, quoi de plus curieux, pour cette partie du public éclairé et qui aime d'autant plus à s'instruire, que l'étude rendue claire et facile, de ces trois choses qui sont les bases mêmes de la fortune d'un pays? Les spécialistes n'ont qu'à choisir, dans les rayons de cette bibliothèque, pour trouver aussitôt ce qui les concerne et les intéresse. Autant de branches de la science, autant de traités particuliers, composés et écrits par les savants les plus autorisés et les professeurs les plus compétents.

La collection comprend onze séries consacrées à des ouvrages spéciaux, mais réunis tous, cependant, par un lien commun. Ainsi, il y a une série pour les sciences exactes, une autre pour les sciences d'observation. Dans la troisième, se trouve traité, sous ses différents aspects, l'art de l'ingénieur ; la quatrième s'occupe des mines et de la métallurgie. Ici sont étudiées les machines motrices ; là les professions militaires et maritimes. Plus loin, sous la rubrique Arts et Métiers, sont passées en revue les professions industrielles ; puis enfin l'agriculture, le jardinage et tout ce qui s'y rattache, l'étude des eaux, des bois et forêts, et enfin l'économie domestique. On voit tout ce qui peut tenir de traités particuliers dans cette nomenclature générale. Chacun a son volume, accompagné de dessins explicatifs et de figures, quand il est nécessaire, de façon à rendre les textes plus tangibles, pour ainsi dire, en tout cas, pour les mieux mettre à la portée du public.

Il est aisé de comprendre qu'une telle collection ne peut pas être exactement limitée, par la raison bien simple qu'elle doit se tenir à la hauteur du mouvement, c'est-à-dire du progrès, et tenir compte des inventions nouvelles qui, sans bouleverser de fond en comble les systèmes adoptés, les transforment en partie ou tout au moins les modifient. Telle qu'elle est, on peut la considérer déjà comme supérieure à tout ce qui existe dans le même ordre d'idées. Le cadre général est plus vaste et peut s'élargir encore ; quant aux traités particuliers, comment n'offriraient-ils pas toutes les garanties désirables, grâce aux noms des spécialistes qui les ont rédigés? La physique, la chimie, les sciences naturelles, d'un côté, la géométrie, l'algèbre, de l'autre, sont enseignées de la façon la plus claire, et, ce qu'il ne faut pas oublier, par des moyens mis à la portée des gens du monde désireux d'acquérir des connaissances au moins superficielles sur toutes choses.

Ce qui caractérise notre époque, est un immense besoin de savoir. On veut au moins des notions sur toutes choses, et nulle part l'ignorance n'est un titre au respect. Comment les propriétaires, par exemple, pourraient-ils se rendre compte des engagements imposés à leurs fermiers, s'ils n'étaient, eux-mêmes, au fait des principales exigences de l'agriculture? Et il en est partout ainsi : on veut tout connaître, ou plutôt, on tient essentiellement à se renseigner ; et, pour cela, il faut des connaissances au moins élémentaires sur l'industrie, sur le commerce, sur l'agriculture, et par là même sur toutes les sciences qui s'y rapportent.

Nous ne voyons pas de vides appréciables, dans cette bibliothèque, et s'il s'en découvre, on peut être sûr qu'ils seront comblés à mesure. Elle répond d'ailleurs à un besoin réel, à un moment où la machine remplace, de plus en plus, les bras et où le mécanicien fait des progrès constants. A côté de cela, il est des sciences qu'on aurait grand tort de négliger et dont la connaissance s'impose à toutes les familles. Nous citerons, par exemple, l'hygiène et la médecine usuelles, de même que nous citerions pour les cultivateurs et les éleveurs de bétail, un indispensable traité de médecine vétérinaire où l'on puiserait, dans maintes circonstances, des remèdes efficaces qui, appliqués trop tard sont inutiles et de nul effet. Rien de plus clair et de plus complet n'a été fait jusqu'à ce jour, ni de plus réellement utile. C'est l'encyclopédie du dix-neuvième siècle, qui se recommande aussi bien par la variété des sujets que par la valeur propre de chacun d'eux, où l'on trouve, en même temps que les vues d'ensemble, les guides pratiques de toutes les insdustries en exploitation et de toutes les professions et métiers connus. Nous ne saurions trop la recommander aux gens du monde curieux de notions générales, ainsi qu'aux personnes désireuses d'approfondir une spécialité.

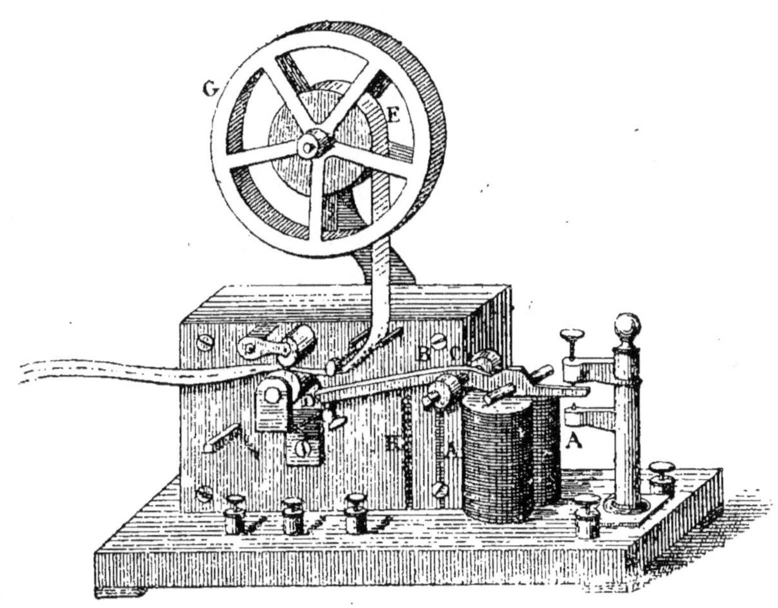

Figure spécimen de la *Transmission de la pensée et de la voix.* (Voir page 21.

TABLE

DES MATIÈRES PAR ORDRE ALPHABÉTIQUE

AVEC RENVOI AUX PAGES POUR LES RENSEIGNEMENTS COMPLETS
TITRES, NOMS DES AUTEURS, PRIX ET ANALYSE DES OUVRAGES PUBLIÉS
JUSQU'A CE JOUR

A

B

C

D

E

F

G

H

I

J

L

M

N

O

P

R

S

T

V

Z

Gravure spécimen des *Bergeries et Porcheries*. (Voir page 47.)

LISTE DES OUVRAGES

QUI COMPOSENT LA BIBLIOTHÈQUE

DES PROFESSIONS INDUSTRIELLES, COMMERCIALES

ET AGRICOLES

Collection de volumes grand in-18

Le cartonnage toile de chaque volume se paye 0,50 c. en plus des prix indiqués

---

BIBLIOGRAPHIE RAISONNÉE

Série A

SCIENCES EXACTES

1. — Leprince (Paul), ingénieur, ancien élève de l'École d'arts et métiers de Châlons-sur-Marne. **PRINCIPES D'ALGÈBRE**. 1 vol. XI-285 pages avec fig. . . . . 5 fr.

Un ouvrage de ce genre n'a pas encore été publié. Il indique les moyens les plus prompts et les plus simples à employer pour parvenir à la solution des problèmes. Il ne comprend que la marche pratique à suivre en algèbre pour arriver aux formules appliquées dans l'industrie en général.

2.—Lenoir (A.).— **CALCULS ET COMPTES FAITS** à l'usage des industriels. — Ouvrage revu et complété par J. Vinot. 1 vol. (*Épuisé.*)

---

3. — Rozan (Ch.), professeur de mathématiques. — Leçons de **GÉOMÉTRIE ÉLÉMENTAIRE**. 1 vol. et un atlas, 262 pages de texte et 31 planches doubles. . . . . . 6 fr.

En résumant les principes essentiels de la géométrie élémentaire, ceux qui conduisent directement à la mesure des lignes, des surfaces et des corps, l'auteur s'est attaché surtout à faire sentir la liaison qui existe entre ces principes, la manière dont ils découlent les uns des autres par un enchaînement continuel de déductions et de conséquences. Il s'est donc attaché à couper le discours aussi peu que possible, et à dire d'une seule traite tout ce qui se rattache à un même ordre de questions. Il le dit très brièvement, pour ne pas fatiguer l'attention ou faire perdre de vue le point de départ ; cette rapidité des démonstrations n'a cependant rien ôté à leur clarté.

5. — ORTOLAN (A.), mécanicien chef de la marine de l'État, et MESTA (J.), mécanicien principal. — Guide pratique pour l'étude du **DESSIN LINÉAIRE** et de son application aux professions industrielles. 1 vol., LXXVI-204 p. et un atlas de 41 pl. doubles, grav. par EHRARD. . . . . 6 fr.

Cet ouvrage recommandable est aujourd'hui adopté dans plusieurs écoles industrielles; on le trouve dans tous les ateliers. Un dictionnaire des termes techniques lui sert d'introduction, ce qui a permis aux auteurs de donner dans le cours de leur travail des indications sur les détails, sans obliger l'élève à recourir au texte des premières leçons. C'est donc par la nomenclature des instruments indispensables a l'étude du dessin que les auteurs ont débuté, puis arrivant à l'application, ils donnent la définition des lignes géometriques : le point, la ligne droite, brisée, courbe ; arc de cercle, rayon ; les angles. — Tracé des parallèles et des perpendiculaires. — Construction des angles. — Figures géométriques. — Des triangles. — Des quadrilatères. — Tangentes et sécantes à la circonférence. — Angles inscrits et circonscrits à la circonférence. — Polygones réguliers, figures inscrites et circonscrites. — Définition et construction. — Mesure et divisions des lignes. — Mesure des angles. — Rapporteurs. — Des solides. — Du plan horizontal et du plan vertical, des projections, des croquis, de la vis. — Exécution d'un dessin d'après un croquis coté et sur une échelle de convention. — Exécution d'un dessin d'ensemble avec projection de coupe. — Des engrenages ou roues dentées. — De quelques courbes et de leur tracé. — Rédaction et copie d'un dessin — Dessins ombrés au tire-ligne, du lavis, etc., etc.

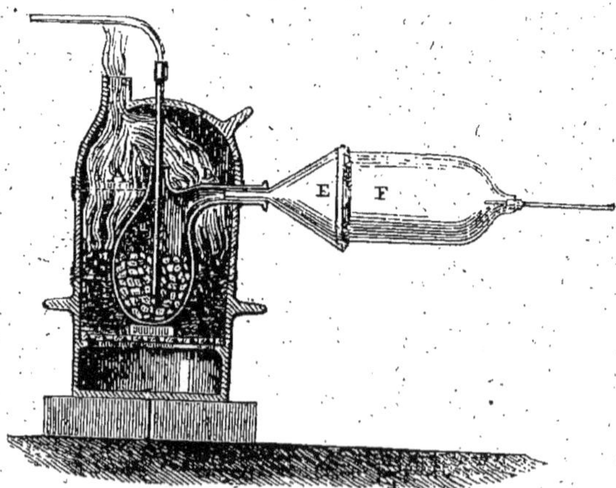

Figure spécimen de la *Chimie générale élémentaire de Hétet.* (Voir page 16.)

Figure spécimen de la *Transmission de la pensée et de la voix*. (Voir page 21.)

Série B

SCIENCES D'OBSERVATION

CHIMIE, PHYSIQUE, ÉLECTRICITÉ, ETC.

1-2. — Dr Sacc, professeur à l'Académie de Neuchâtel (Suisse), membre correspondant de la Société nationale de l'agriculture, professeur à Genève, etc. — Éléments de **CHIMIE**. 2 vol.

Première partie. — **CHIMIE MINÉRALE** ou synthétique. 1 vol. . . . . 3 fr. 50

Seconde partie. — **CHIMIE ORGANIQUE** ou asynthétique. 1 vol.. . . . . 3 fr. 50

Ce petit traité, comme le dit l'auteur, n'a qu'une ambition, celle de faire aimer cette admirable science, d'en exposer aussi brièvement que possible le champ immense de manière à la rendre abordable à tous. C'est la première tentative d'une *chimie naturelle* et pure. L'auteur, laissant de côté tous les systèmes, aborde donc une voie qui doit devenir féconde.

3-4. — Hétet (Frédéric), professeur de chimie aux écoles de la marine, pharmacien en chef, officier de la Légion d'honneur, membre de plusieurs sociétés savantes. Cours de **CHIMIE GÉNÉRALE ÉLÉMENTAIRE**, d'après les principes modernes, avec les principales applications à la médecine, aux arts industriels et à la pyrotechnie, comprenant l'analyse chimique qualitative et quantitative. Ouvrage publié avec l'approbation de M. le ministre de la Marine et des Colonies. 2 vol. grand in-18 ensemble de LI-1300 pages et 174 fig. . . . . 10 fr.

SOMMAIRE DES PRINCIPAUX CHAPITRES. — Nomenclature chimique. — Notation chimique. — Lois des combinaisons. — Théorie atomique. — Acides. — Sels. — Eléments monoatomiques. — Série du chlore. — Série du brome. — Série de l'iode. — Fluor. — Série du cyanogène. — Métalloïdes diatomiques. — Série de l'oxygène. — Protoxyde d'hydrogène. — Eau. — Eaux potables. — Série du soufre. — Métalloïdes triatomiques. — Série du bore. — Métalloïdes tripentatomiques. — Série de l'azote. — Combinaisons de l'azote avec l'hydrogène. — Composés oxygénés de l'azote. — Agents explosifs modernes. — Analyse de l'acide azotique. — Série du phosphore. — Combinaisons oxygénées du phosphore. Série de l'arsenic. — Série de l'antimoine. — Bismuth. — Uranium. — Tableau résumé des azotoïdes. — Métalloïdes tétratomiques. — Série du silcium. — Série du carbone. — Gaz d'éclairage. — Combinaisons avec l'oxygène. — Sulfure de carbone. — Feux liquides de guerre. — Dosage du carbone. — Analyse des gaz et des mélanges gazeux. — Série de l'étain. — Généréralités sur les métaux. — Métaux positifs. — Première classe. — Monoatomiques. — Potassium. — Poudres. — Alcalimétrie. — Sodium. — Fabrication de la soude. — Lithium. — Analyse spectrale. — Rubidium. — Césium. — Thallium. — Argent. — Alliages d'argent. — Azotate d'argent. — Réaction des sels d'argent. — Dosage de l'argent. — Métaux de la deuxième classe ou biatomique. — Calcium. — Oxydes de calcium. — Usages de la chaux. — Sulfures de calcium. — Plâtre. — Cuisson du plâtre. — Phosphates calciques. — Carbonate de calcium. — Baryum. — Strontium. — Magnésium. — Oxyde de magnésium. — Zinc. — Oxyde de zinc. — Cadmium. — Cuivre. — Laitons. — Bronzes. — Oxyde de cuivre. — Acétate de cuivre. — Réactions des sels de cuivre. — Mercure. — Chlorure de mercure. — Iodure de mercure. — Sulfate de mercure. — Fulminate de mercure. — Plomb. — Oxyde de plomb. — Miniums. — Céruse. — Cobalt. — Nickel. — Chrome. — Manganèse. — Oxydes de manganèse. — Bioxyde de manganèse. — Fer. — Préparation de l'acier. — Usages du fer et de l'acier. — Propriété du fer et de l'acier. — Combinaisons du fer. — Analyse des combinaisons du fer. — Analyses des fontes et aciers. — Métaux triatomiques. — Or. — Dorure. — Métaux tétratomiques. — Molybdène. — Platine. — Amorces à fil de platine. — Osmium. — Iridium. — Palladium. — Aluminium. — Aluns. — Kaolins. — Argiles. — Mortiers. — Ciments. — Poteries. — Bétons. — Action de l'eau de mer. — Mastics. — Photographie.

---

5. — CHEVALIER (A.), auteur de l'*Hygiène de la vue*, de l'*Étudiant micrographe*, etc. **L'ÉTUDIANT PHOTOGRAPHE**, traité pratique de photographie à l'usage des amateurs, avec les procédés de MM. Civiale, Bacot, Cavelier, Robert. 1 vol., 216 pages, avec 68 figures. . . . . 3 fr.

Ce livre est un manuel simplifié de photographie. Il sera utile à tous ceux qui voudront s'occuper des moyens de reproduire la nature à l'aide de la lumière. Comme son titre l'indique, c'est le livre de l'étudiant, et certes nous n'avons, en le livrant à la publicité, qu'un seul désir, celui d'être utile. Nous sommes sûrs des procédés indiqués, car nous avons dû expérimenter nous-mêmes celui relatif au collodion humide.

---

6. — GAUDRY (Jules), chef du laboratoire des essais au chemin de fer de l'Est. Guide pratique pour **l'ESSAI DES MATIÈRES INDUSTRIELLES**, d'un emploi courant dans les usines, les chemins de fer, les bâtiments, la marine, etc., à l'usage des ingénieurs, manufacturiers, architectes, officiers de marine, etc. 1 vol. XII-264 p., 37 fig. et nombreux tableaux . . . . 4 fr.

SOMMAIRE DES PRINCIPAUX CHAPITRES : Introduction. — Caractère du présent ouvrage. — Installation d'un laboratoire. — Principes de l'installation. — Outillage et mobilier. — Personnel, tenue du laboratoire. — PREMIÈRE PARTIE. — *Principes généraux de l'essai chimique*. — I. Composition et décomposition des corps. — II. Principes fondamentaux de l'analyse. — III. Manipulations chimiques. — IV. Marche de l'analyse. — DEUXIÈME PARTIE. — *Méthode d'essai des principales substances d'emploi courant*. — I. Essai de l'eau par évaporation et analyse du résidu. — Analyse des gaz de l'eau — Hydrotimétrie. — II. Essai des pierres. — III. Essai du sable. — IV. Essai de la chaux. — V. Essai des combustibles. — VI. Essai des métaux : Métaux en général. — Essai du fer. — Essai du cuivre. — Essai de l'étain. — Essai du plomb. — Essai du zinc. — Essai de l'antimoine. — Essai des alliages en général. — Essai du bronze. — Essai du laiton et des alliages blancs. — Recherche des métalloïdes dans les métaux et alliages. — VII. Essai des huiles et graisses : Des corps gras en général. — Essai des huiles. — Principales huiles. — Essai des suifs et graisses. — Essai du pétrole et des essences. — VIII. Essai des cuirs. — IX. Essai de la céruse et du minium. — X. Essai des tissus et cordages. — XI. Essai du caoutchouc. — XII. Essai des acides, alcools, alcalis, etc. — TROISIÈME PARTIE. *Tableaux :* Tableau A des principaux corps simples. — B division des bases en cinq groupes. — C division des acides en trois groupes. — D décomposition de l'eau par les métaux. — E analyse de l'eau. — F états des incinérations. — G degré oléométrique des huiles. — H tableau comparatif des principaux métaux industriels. — Appareils divers pour les essais.

---

7. — MIÉGE (B.), directeur de lignes télégraphiques. — Guide pratique de **TÉLÉGRAPHIE ÉLECTRIQUE**, ou *Vade-mecum* pratique à l'usage des employés des lignes télégraphiques, suivi du programme des connaissances exigées pour être admis au surnumérariat dans l'administration des lignes télégraphiques. 1 vol., XI-148 pages, avec 45 figures dans le texte. . . . . 2 fr.

M. Miége n'a pas voulu faire seulement un livre utile, mais bien un guide indispensable. Aux notions préliminaires sur le magnétisme, les différentes sources d'électricité et les propriétés des courants, succède la description de tous les appareils usités, avec l'indication des signaux généralement adoptés. Des formules d'une grande simplicité permettent de se rendre compte de l'intensité des courants et de rechercher la cause des dérangements. L'ouvrage de M. Miége sera aussi d'une incontestable utilité pour toute personne qui veut acquérir la connaissance des lois de l'électricité appliquées à la télégraphie.

---

8. — DU TEMPLE (Louis), capitaine de frégate en retraite. Introduction à l'**ÉTUDE DE LA PHYSIQUE**. 1 vol., 333 p. avec 146 figures . . . . 4 fr.

SOMMAIRE DES PRINCIPAUX CHAPITRES : *Quelques définitions de chimie* : Éléments qui entrent dans la composition des corps. — Nomenclature chimique. — *Introduction*. — *La Force* : Pesanteur. — Actions moléculaires. — *Calorique et Chaleur* : Température. — Mode de propagation de la chaleur. — Changement d'état des corps par la chaleur. — *Lumière*. — Réflexion de la lumière. — Réfraction. — Décomposition et recomposition de la lumière. — Applications diverses des phénomènes de la lumière. — Lunettes. — *Sons*. — Propagation. — Réflexion. — Vibration. — *Électricité*. — *Électro-Magnétisme*. — *Electro-Chimie*.

9. Will. — **ANALYSE QUALITATIVE**, instruction pratique à l'usage des laboratoires de chimie, par M. le docteur H. Will, professeur agrégé de l'Université de Giessen; traduit de l'allemand par M. le docteur G.-W Bichon, traducteur des lettres de M. Justus Liebig sur la chimie, et auteur de plusieurs travaux sur cette science. 1 vol., 248 pages. (*Epuisé.*)

Les traités spéciaux sur la chimie analytique sont ou trop volumineux ou incomplets, en ce sens que, dans ces derniers, manquent les indications indispensables pour que l'élève puisse se conduire lui-même. M. le docteur Will a su éviter ces deux défauts : son guide enseigne d'une manière simple, substantielle et méthodique, tout ce qu'il faut savoir pour être capable de découvrir et de séparer les parties constituantes des corps composés.

10. — Frésénius (R.) et le Dr Will, docteurs, assistants et préparateurs au laboratoire de Giessen. — Guide pratique pour reconnaître et pour déterminer le titre véritable et la valeur commerciale des **POTASSES**, des **SOUDES**, des **CENDRES**, des **ACIDES** et des **MANGANÈSES**, avec neuf tables de déterminations, traduit de l'allemand par le docteur G.-W. Bichon, ancien élève de M. Justus Liebig, nouvelle édition, augmentée de notes, tables et documents 1 vol., VI-229 pages avec figures . . . . 2 fr.

Le livre de MM. Frésénius et Will est le résultat des précieuses recherches auxquelles se sont livrés ces deux savants chimistes étrangers; c'est avec beaucoup de pénétration et de succès qu'ils sont parvenus à perfectionner les méthodes d'essais relatifs aux potasses, soudes, acides et manganèses.

11. — Liebig (J.). **INTRODUCTION A L'ÉTUDE DE LA CHIMIE**, contenant les principes généraux de cette science, les proportions chimiques, la théorie atomique, le rapport des poids atomiques avec le volume des corps, l'isomorphisme, les usages des poids atomatiques et des formules chimiques, les combinaisons isomériques des corps catalyptiques, etc., accompagnée de considérations détaillées sur les acides, les bases et les sels, traduit de l'allemand par Ch. Ghérhardt, augmentée d'une table alphabétique des matières présentant les définitions techniques et les relations des corps. 1 vol., 248 pages. . . . . 2 fr.

L'accueil favorable que cette traduction a rencontré en France rappelle le succès obtenu en Allemagne par l'édition originale de l'illustre savant, considéré à juste titre comme l'un des princes de la chimie moderne.

12. — Brun (Jacques), vice-président de la Société suisse des pharmaciens. Guide pratique pour reconnaître et corriger les **FRAUDES ET MALADIES DU VIN**, suivi d'un traité d'**analyse chimique** de tous les vins, 2e édit., 1 vol., 191 p., avec de nombreux tableaux. 3 fr.

L'art de falsifier les vins a fait ces dernières années de rapides progrès. La chimie ne doit pas se laisser devancer par la fraude : elle doit lui tenir tête et pouvoir toujours montrer du doigt la substance étrangère. Cette tâche, dit M. Brun, incombe surtout aux pharmaciens. Son livre est le résumé des différents traitements qu'il a trouvés réellement utiles, et qui, dans sa longue pratique, lui ont le mieux réussi pour l'examen chimique des vins suspects.

---

13. — LUNEL (docteur). Guide pratique pour reconnaître les **FALSIFICATIONS**, ou **DICTIONNAIRE DES FALSIFICATIONS** des substances alimentaires (aliments et boissons), contenant : la description de *l'état naturel ou normal des substances alimentaires* et leur *composition chimique*, les moyens de constater leur nature, leur valeur réelle ; les altérations spontanées, accidentelles, qu'elles peuvent subir, et les moyens de les prévenir ; les altérations et falsifications qui les dénaturent, c'est-à-dire qui en modifient l'aspect, la saveur, les propriétés nutritives, et qui les rendent souvent dangereuses ; enfin les moyens chimiques de rendre sensibles les altérations, falsifications et contrefaçons des diverses substances alimentaires. 1 vol. 200 pages. . . . . 5 fr.

14-15. — NOGUÈS (A.-F.), professeur de sciences physiques et naturelles. — Guide pratique de **MINÉRALOGIE APPLIQUÉE** (histoire naturelle inorganique) ou connaissance des combustibles minéraux, des pierres précieuses, des matériaux de construction, des argiles céramiques, des minerais manufacturiers et des laboratoires, des minerais de fer, de cuivre, de zinc, de plomb, d'étain, de mercure, d'argent, d'antimoine, d'or, de platine, etc. 2 vol., 919 p. et 248 fig . . . . 10 fr.

Cet ouvrage a été écrit principalement pour les personnes qui désirent acquérir des notions justes, pratiques et usuelles sur les minerais métallifères et les minéraux employés dans les arts et l'industrie. Les étudiants qui suivent les cours des Facultés, les élèves des Ecoles spéciales et industrielles, les ingénieurs, les élèves des Écoles des mines, les mineurs, les agriculteurs, les directeurs d'exploitations minières, les gardes-mines, les amateurs et les gens du monde qui voudront acquérir des connaissances pratiques en minéralogie, le consulteront avec fruit.

Ce guide a été conçu dans un esprit essentiellement pratique et industriel. M. Noguès, en publiant cet ouvrage, a voulu offrir au public le cours de minéralogie qu'il professe avec tant de succès à l'École centrale des arts et manufactures de Lyon. — Nous ne donnons pas ici la table des matières contenues dans l'œuvre de M. Noguès, elle est trop considérable, mais nous indiquerons le sommaire des chapitres.

I. Définitions des termes et généralités. — II. Caractères géométriques des minéraux ou cristallogie. — Cristallogie comparée ou morphologie minérale. — Cristallogénie. — Caractères physiques, chimiques et géologiques des minéraux. — Classification des minéraux. — Description des espèces minérales. — Appendice au carbone. — Organolithes. — Classifications.

16. — Du Temple (Louis), capitaine de frégate en retraite. — **TRANSMISSION DE LA PENSÉE ET DE LA VOIX.** 1 vol., 332 pages, orné de 62 figures . . . . . 4 fr.

Sommaire des principaux chapitres : *Organe de la vue et moyens employés pour la corriger.* — Structure de l'œil. — Marche des rayons lumineux dans l'œil. — *Organe de la voix.* — *Organe de l'ouïe.* — Oreille. — Comment l'homme peut diminuer les imperfections de l'ouïe. — *Langage.* — Définition. — Langage écrit. — Grandes inventions modernes. — *Papier.* — Historique. — Fabrication du papier à la main ou papier de cuve. — Fabrication du papier à la mécanique. — Différentes espèces de papier. — *Imprimerie* ou *Typographie.* — Historique. — Gravure. — Lithographie. — Presses typographiques. — Clichage. — Gravure en creux. — Gravure en relief. — *Photographie.* — Historique. — Procédés. — Photographie sur verre. — Préparation du collodion et son emploi. — *Électro-Métallurgie.* — Galvanoplastie. — Appareils galvanoplastiques. — Applications de la galvanoplastie. — — *Télégraphes aériens, pneumatiques, électriques.* — *Téléphone.* — *Phonographe.* — *Aérophone.* — *Postes.*

17. — Snow-Harris. Leçons élémentaires d'**ÉLECTRICITÉ** ou exposition concise des principes généraux de l'électricité et de ses applications, annotées et traduites par E. Garnault, professeur de physique à l'École navale. 1 vol. 264 pages, avec 72 figures dans le texte. 3 fr.

Les leçons de M. Snow-Harris ont eu un grand succès en Angleterre. L'auteur s'est surtout attaché à donner des idées saines, pratiques et théoriques sur les principes généraux de l'électricité et les faits les plus simples qu'il démontre à l'aide d'expériences faciles à répéter.

Le traducteur, qui est lui-même un professeur distingué, a ajouté à l'ouvrage anglais des notes dans lesquelles il donne surtout des aperçus sur les principales applications de l'électricité dans l'industrie.

18. — Laffineur. Guide pratique d'**HYDRAULIQUE** et d'**HYDROLOGIE SOUTERRAINE ET SUPERFICIELLE** ou traité de la science des sources, de la création des fontaines, de la captation et de l'aménagement des eaux pour tous les besoins agricoles et industriels. 1 vol., 191 pages. avec figures. . . . . 3 fr. 50

19-20. — Clausius (R.), professeur à l'Université de Wurtzbourg. **THÉORIE MÉCANIQUE DE LA CHALEUR**, traduit de l'allemand par F. Folie, professeur à l'École industrielle, et répétiteur à l'École des mines de Liége. 2 vol., xxx-748 pages . . . . 15 fr.

« Depuis que l'on a utilisé la chaleur comme force motrice au moyen des machines à vapeur, et que l'on a été ainsi amené pratiquement à regarder une certaine quantité de travail comme l'équivalent de la chaleur nécessaire pour le produire, il était naturel de rechercher théoriquement une relation déterminée entre une quantité de chaleur et le travail qu'il est possible de lui faire produire, et d'utiliser cette relation pour en déduire des conclusions sur l'essence et les lois de la chaleur elle-même. » (Clausius.)

Par le titre des chapitres, nous allons indiquer le mode de démonstration de l'auteur.

Introduction mathématique. — Principe fondamental de la théorie mécanique de la chaleur. — Second principe. — Influence de la pression et de la congélation des liquides. — Dépendance théorique qui existe entre deux lois empiriques relatives à la tension et à la chaleur latente de différentes vapeurs. — Equivalence des transformations au travail intérieur. — Axiome de la théorie mécanique de la chaleur. — Concentration de rayons de chaleur et de lumière, et les limites de son effet. — Mémoires sur les mouvements moléculaires admis pour l'explication de la chaleur. — Sur la conductibilité des corps gazeux pour la chaleur.

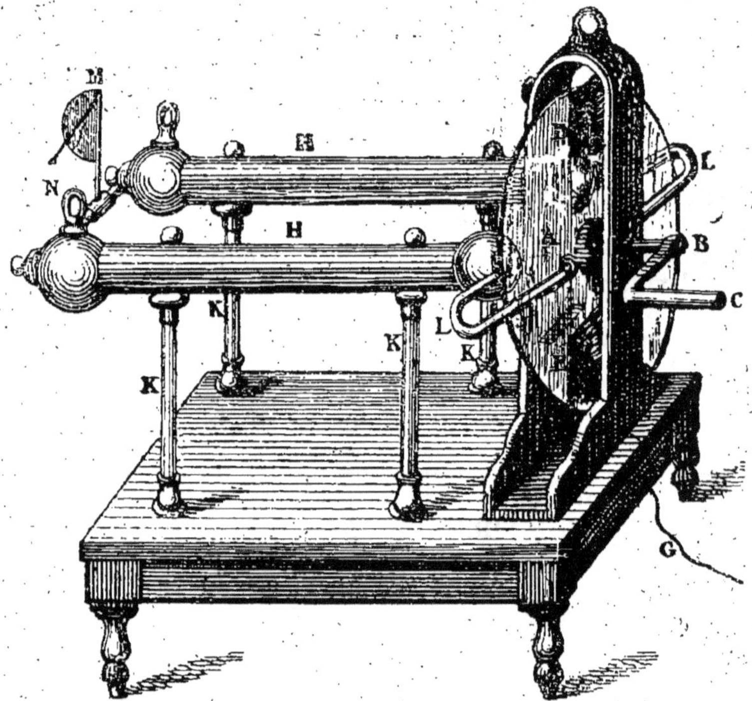

Figure spécimen de l'*Introduction à l'Étude de la physique*. (Voir page 18.

Série C

ART DE L'INGÉNIEUR
PONTS ET CHAUSSÉES, CONSTRUCTIONS CIVILES, CHEMINS DE FER

1. — Guy (P.-G.), ancien élève de l'Ecole polytechnique, officier d'artillerie. Guide pratique du **GÉOMÈTRE ARPENTEUR**, comprenant l'arpentage, le nivellement, la levée des plans et le partage des propriétés agricoles, avec un appendice sur le calcul des solides; 3e édition, entièrement refondue. 1 vol. de 272 pages et 183 figures . . 4 fr.

L'auteur, en publiant cet ouvrage, a eu pour intention d'en faire un *vade-mecum* utile aux ingénieurs, aux conducteurs des ponts et chaussées, aux agents voyers, géomètres, arpenteurs, etc. Son format portatif permet de pouvoir le consulter sur le terrain; il est un abrégé d'un grand nombre d'ouvrages encombrants, dont il présente toutes les données nécessaires pour connaître et vérifier la contenance des pièces de terre, pour en construire un plan exact, ce qui évitera aux propriétaires et aux fermiers des procès ruineux et ce qui leur permettra aussi d'étudier avec fruit les améliorations qu'ils voudraient apporter dans la culture de leurs terres,

2. — Birot (F.), ingénieur civil, ancien conducteur des ponts et chaussées. Guide pratique du **CONDUCTEUR DES PONTS ET CHAUSSÉES** et de l'**AGENT VOYER**. Principes de l'art de l'ingénieur, comprenant: plans et nivellements, routes et chemins, ponts et aqueducs, travaux de construction en général et devis. 3e édition, revue et augmentée. 1 vol., de 545 pages, avec un atlas de 19 planches doubles, contenant 144 figures . . . . 8 fr.

Nous allons donner un extrait de la table des matières de cet ouvrage, devenu le *vade-mecum* des agents secondaires des ponts et chaussées.

Chap. Ier. — Tracé et mesure des lignes. Arpentage proprement dit. Mesure des angles. Lever à l'échelle. Instruments. — *Chap. II.* Objets du nivellement. Niveaux de différents systèmes. Stadia. — *Chap. III.* Classification des routes. Projets. De la forme générale des routes. Tracé des courbes. Tables diverses. — *Chap. IV.* Construction des chaussées. Entretien des routes. Déblais et remblais. — *Chap. V.* Ponts et aqueducs. Ponceaux. Murs de soutènement. Parapets. Voûtes biaises. Sondages. Pieux. Pilotis. Palplanches. Enrochements. — *Chap. VI.* Des cintres et des ponts en charpente. — *Chap. VII.* Etudes des matériaux employés dans les constructions. — *Chap. VIII.* Du métrage et du devis. Avant-métré d'un aqueduc, d'un ponceau, etc.

L'auteur a terminé par le programme d'admission pour l'emploi de conducteur.

3. — **CARNET DE L'INGÉNIEUR.** Recueil de tables, de formules et de renseignements usuels et pratiques. 1 volume. (*Épuisé.*)

4. — Cornet (G.), répétiteur à l'École centrale des arts et manufactures de Paris. — **ALBUM DES CHEMINS DE FER**, résumé graphique du cours professé à l'École centrale des arts et manufactures. 4e édition, 1 vol, texte et 74 planches gravées sur acier. . . . . 10 fr.

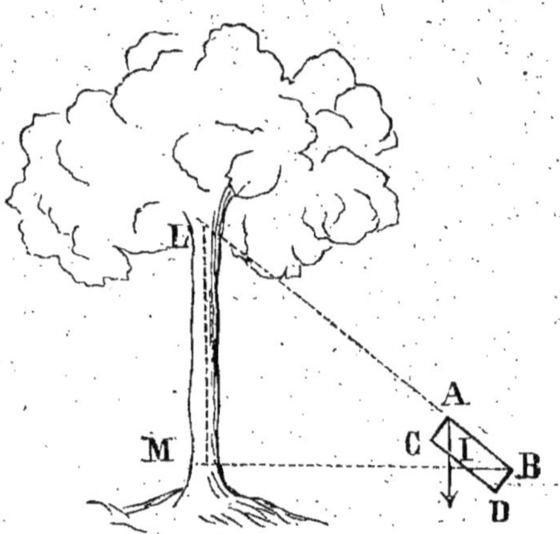

Figure spécimen du *Cubage et estimation des bois*. (Voir page 24.)

8. — Frochot (Alexis), sous-inspecteur des forêts, etc. Guide théorique et pratique de **CUBAGE** et **D'ESTIMATION DES BOIS**, à l'usage des propriétaires, régisseurs, marchands de bois, gardes forestiers, etc., etc. 1 vol., 160 pages et tableaux, 14 fig. et une planche graphique donnant les tarifs de cubage des arbres sur pied et des arbres abattus . . . . 4 fr.

Extrait de la table des matières. — **Cubage des bois abattus.** Bois en grume, bois ronds, bois méplats, bois équarris, bois de feu; exécution des calculs de cubage. — **Cubage des bois sur pied.** — Mesures des hauteurs : 1° au dentromètre; 2° à vue d'œil; 3° mesure des diamètres. — Cubage des résineux. — **Estimation des bois sur pied en matière,** bois de charpente, étais, perches de mines, poteaux télégraphiques, sciage, traverses de chemins de fer, bois de fente, bois de feu, écorces, frais de transport et d'exploitation. — Estimation en argent. — **Estimation des forêts en fonds et superficie.** — Exposé de la méthode, bois susceptibles de revenus égaux et périodiques, bois donnant des revenus inégaux. — Procédés de calculs à employer. — Applications, tarifs linéaires, renseignements bibliographiques, etc., etc.

Figure spécimen du *Cubage et estimation des bois.* (Voir page 24.)

10. — DEMANET (A.), lieutenant-colonel honoraire du génie, membre de l'Académie royale de Belgique, etc. Guide pratique du **CONSTRUCTEUR. — MAÇONNERIE,** 1 vol., 252 pages, avec tableaux, accompagné de 20 planches doubles renfermant 137 figures gravées sur acier par CHAUMONT . . . . 5 fr.

Ce guide, écrit par M. Demanet, qui a professé un cours de construction à l'Ecole militaire de Bruxelles, emprunte une grande autorité à l'expérience et à la position qu'occupait l'auteur. Les 20 planches qui accompagnent le texte sont gravées avec une grande exactitude.

Extrait de la table des matières :

Des tracés. — Des mortiers et mastics. — Des appareils. — De l'exécution des maçonneries. — Échafaudages et cintres. — Outils et appareils. — Décintrements, charges, jointoiement. — Des épaisseurs à donner aux maçonneries. — Évaluations des travaux de maçonnerie. — Travaux divers. — Travaux d'entretien et de restauration. — De l'organisation des chantiers, etc.

17. — PERRONNE. **TRACÉ DES COURBES** sur le terrain. 1 volume. (*Épuisé.*)

20. — BOUNICEAU, ingénieur en chef des ponts et chaussées. Études et notions sur les **CONSTRUCTIONS A LA**

MER, 1 vol. VIII-421 pages et atlas de 44 pl. in-4°, dont plusieurs doubles. 18 fr.

Cet ouvrage est le résumé d'études longues et consciencieuses d'un des ingénieurs en chef les plus distingués du corps national des ponts et chaussées. M. Bouniceau a attaché son nom à des travaux d'une haute importance. Son travail devra être médité par tous ceux qu'intéressent les nouveaux développements que doivent prendre les constructions conçues en vue d'améliorer les ports de mer et les ouvrages nécessaires à la préservation des côtes. L'atlas qui accompagne ces Etudes est remarquable sous le rapport du choix des planches et de leur exécution. L'auteur dans sa préface dit : « Notre livre n'est pas un guide pratique, il est composé de notions et d'études, c'est un ensemble qui présente un programme complet sur la matière. »

Nous qui analysons le livre de M. Bouniceau, nous croyons qu'il est trop modeste et que certainement il n'y a pas un ingénieur chargé de travaux à la mer qui n'aura intérêt et profit à consulter cet ouvrage dont nous nous contenterons de donner le sommaire des chapitres pour en mieux faire connaître la portée.

Définitions et préliminaires. — Avant-ports. Bassins. Darses. — *Môles ou brise-lames.* — Môles à claire-voies. Môles anciens. Môles modernes. — *Jetées.* Ports à marée. Cheneaux. Dragues. Musoirs. Remorquage à vapeur dans les cheneaux. — *Ports d'échouage :* Épaisseur des quais. Écluses. Portes d'ebbe et de flot. Manœuvre des portes. Pose des portes. Ponts sur les écluses. *Bassins à flot :* leur forme, leur largeur, leur superficie. Valeur des places à quai. — *Nettoyage des ports.* — *Ouvrages pour la construction et le radoubage des navires :* Cales de construction. Cales de débarquement. Machines élévatoires. — *Ports dans les rivières à marée.* — *Canaux maritimes.* — *Ouvrages à l'issue des ports de commerce.* Phares. Phares en fer sur pieux à vis. Phares flottants. Feux de port. Bouées, balises. — *Matériaux de construction. Mortiers.* Pierres, sables, chaux et ciments. Fabrication des mortiers. Briques, bois. Fondations par épuisement. Fondations mixtes sur pilotis. Fondations en rade.

21-22. — EMION (Victor). Traité de l'**EXPLOITATION DES CHEMINS DE FER**, ouvrage composé de deux parties, précédé d'une préface par M. Jules FAVRE, ensemble 787 pages.

PREMIÈRE PARTIE. — **VOYAGEURS ET BAGAGES**. . 4 fr.

DEUXIÈME PARTIE. — **MARCHANDISES**. . . . . . . 4 fr.

Aujourd'hui que tout le monde voyage, le manuel de M. V. Emion est devenu un guide indispensable. Il fait connaître à chacun ses droits et ses devoirs vis-à-vis des compagnies : il prend le voyageur chez lui, le mène à la gare, le suit à son départ, pendant sa route, à son arrivée, et le ramène à son domicile ; il prévoit toutes les difficultés, toutes les contestations, et en donne la solution fondée sur la loi, les règlements, la jurisprudence et l'équité.

Dans la seconde partie, M. Emion traite avec beaucoup de détails l'organisation du service des marchandises, les tarifs, les formalités exigées pour la remise des marchandises en gare, l'expédition, la livraison, enfin tout ce qui concerne les actions à intenter aux compagnies, soit pour avaries, soit pour retard, perte, négligence, etc.

25. — VANALPHEN, métreur vérificateur spécial de serrurerie. Manuel calculateur du **POIDS DES MÉTAUX** employés dans les constructions, contenant : 1° les tableaux de la classification nouvelle des fers unis divers, des feuillards et de la tôle ; 2° 36 tableaux de poids de 1,100 échan-

tillons divers de fers unis; 3° 5 tableaux de poids de 25 épaisseurs de tôle; 4° 14 tableaux de poids de toutes les fontes employées journellement dans les bâtiments, avec divers renseignements très utiles à consulter; 5° 9 tableaux de poids de plomb, zinc et cuivre rouge, avec un appendice contenant : 1° le poids par mètre carré de feuille de divers métaux; 2° le poids d'un mètre linéaire de fer (fers plats et carrés, fers ronds et carrés); 3° le poids des zincs laminés minces. 1 volume, x-86 pages, 2 pl. . . . . 5 fr.

26. — PERNOT (L.-P.), officier de la Légion d'honneur, architecte-vérificateur des travaux publics. Guide pratique du **CONSTRUCTEUR**. Dictionnaire des mots techniques employés dans la construction, à l'usage des architectes, propriétaires, entrepreneurs de maçonnerie, charpente, serrurerie, couverture, etc., renfermant les termes d'architecture civile, l'analyse des lois de voirie, des bâtiments, etc. Nouvelle édition, corrigée, augmentée et entièrement refondue, par C. TRONQUOY, ingénieur civil. 1 vol. de 532 pages de texte compact. . . . . 5 fr.

Les premières éditions de ce *Dictionnaire de la construction* étaient complètement épuisées. Pour répondre aux nombreuses demandes qui lui parvenaient, le directeur de la *Bibliothèque des professions industrielles et agricoles* ne s'est pas borné à faire réimprimer le travail primitif; il a voulu que dans la nouvelle édition aucun des progrès réalisés pendant les quinze dernières années ne fût omis, et M. C. Tronquoy, l'un de nos ingénieurs civils les plus distingués et en même temps l'un de nos technologistes les plus érudits, collaborateur des *Annales du Génie civil*, a bien voulu se charger du travail ingrat d'une revision complète de l'œuvre. Le *Dictionnaire* que nous annonçons est le résultat de ce travail consciencieux.

27. — PERDONNET. **Notions générales** sur les **CHEMINS DE FER**. 1 volume. (*Épuisé*.)

Figure spécimen des *Poudres et salpêtres*, par Sterck. (Voir page 35.)

Figure spécimen du *Traité de l'Acier*. (Voir page 29.)

Série D

MINES ET MÉTALLURGIE, GÉOLOGIE, HISTOIRE NATURELLE

1. — DANA. **MANUEL DU GÉOLOGUE.** 1 volume. (*En préparation.*)

---

3. — D. L. Guide pratique de **MÉTALLURGIE** ou exposition détaillée des divers procédés employés pour obtenir des métaux utiles, précédé du Dictionnaire des mots techniques employés en métallurgie et de l'essai de la préparation des minerais. 1 vol. XV-350 p. et 8 pl. in-4 gravées sur cuivre comprenant plus de 100 fig. . . . . 4 fr.

EXTRAIT DE LA TABLE DES MATIÈRES : Définition et aperçu de l'histoire de la métallurgie. — Vocabulaire des mots techniques métallurgiques. — PREMIÈRE PARTIE. — *De l'essai des minerais.* — Des essais mécaniques par la voie sèche, la voie humide, d'or, d'argent, de platine, de fer, de cuivre, de zinc, d'étain, de plomb, de plomb argentifère par la coupellation, de mercure, d'antimoine, d'arsenic, de bismuth. — DEUXIÈME PARTIE. — *De la préparation et du traitement des minerais.* — I. De la préparation des minerais; triage, criblage, bocardage, lavage, grillage. — II. Traitement métallurgique des minerais d'or, d'argent, de platine, de fer, de cuivre, de zinc, d'étain, de plomb, de mercure, antimoine, arsenic, bismuth, etc. — Préparation mécanique. — Amalgamation, etc., etc.

4. — FAIRBAIRN (William), ingénieur civil, membre de la Société royale de Londres, correspondant de l'Institut de France, etc. *Guide pratique du métallurgiste.* **LE FER**, son histoire, ses propriétés et ses différents procédés de fabrication, ouvrage traduit de l'anglais, avec l'approbation de l'auteur, et augmenté de notes et d'un appendice, par M. Gustave MAURICE, ingénieur civil des mines, secrétaire de la rédaction du Bulletin de la Société d'encouragement. 1 vol., 331 pages et 68 figures dans le texte . . . . . 4 fr.

Depuis longtemps, le nom de M. Fairbairn fait autorité dans l'industrie du fer. Après avoir tracé l'histoire des progrès de la fabrication du fer, l'auteur donne les analyses des minerais et des combustibles dans leurs rapports avec les résultats des différents procédés de fabrication : il saisit cette occasion pour donner la description des fourneaux, machines, etc., employés dans la métallurgie du fer.

M. Maurice a complété cette traduction par des notes et un appendice. Il a éliminé tout ce que le texte original pouvait présenter de trop laconique ou de trop exclusivement rédigé en vue de la métallurgie anglaise. Parmi ces appendices, on remarque ceux concernant les procédés Bessemer et les notes sur la résistance des tubes à l'écrasement.

Extrait de la table des matières. — Histoire de la fabrication du fer. — Les minerais des différentes parties du monde. — Les combustibles : charbon de bois, tourbe, coke, houille. — Production des combustibles dans le monde entier. — Réduction des minerais. — Transformation de la fonte en fer. — Des machines employées pour forger le fer. — La forge. — Le procédé Bessemer. — Fabrication de l'acier. — Trempe et recuite de l'acier. — De la résistance et des autres propriétés mécaniques de la fonte, du fer et de l'acier. — Composition chimique de la fonte. — Statistique de l'industrie sidérurgique, etc.

---

5. — DESSOYE (J.-B.-J.), ancien manufacturier. Guide pratique de l'**EMPLOI DE L'ACIER**, ses propriétés, avec une introduction et des notes par Ed. GRATEAU, ingénieur civil des mines. 1 vol. de 303 pages . . . . 4 fr.

Ce livre constitue une véritable monographie de l'acier. M. Dessoye prend l'art de fabriquer l'acier à son origine et nous montre ses progrès. Il signale la nature et les propriétés natives de l'acier, en indique les différents modes d'élaboration et termine son guide par une étude sur l'emploi de l'acier dans les manipulations qu'on lui fait subir. Comme le fait remarquer M. Grateau dans sa savante introduction, ce livre s'adresse à tous ceux qui sont appelés à acheter et à consommer de l'acier d'une qualité quelconque, sous toute forme, et il devra être consulté par tous les praticiens.

Extrait de la table. — Considérations préliminaires. — Etudes historiques sur la fabrication de l'acier. — Etudes générales sur l'existence des propriétés natives. — Etudes sur l'emploi de l'acier, considéré dans ses propriétés caractéristiques. — De l'emploi de l'acier considéré dans les manipulations qu'on lui fait subir.

---

6. — LANDRIN (H.-C. fils), ingénieur civil, **TRAITÉ DE L'ACIER**, théorie métallurgique, travail pratique, propriétés et usages, 1 vol., 312 p. avec figures . . . . 5 fr.

Les deux ouvrages de MM. Landrin et Dessoye se complètent l'un par l'autre. Ils donnent au complet la fabrication et l'emploi de l'acier. Nous avons dit, en parlant de celui de M. Dessoye, en quoi consistait son étude; nous allons, par un extrait de la table des matières du livre de M. Landrin, indiquer en quoi il complète le précédent. Histoire de l'acier, sa découverte, sa métallurgie dans l'antiquité et dans les différentes contrées. — De la chaleur, de l'oxygène, du soufre, de la chaux, des minerais de fer, des combustibles. — De l'acier et de sa théorie. — Théorie de Réaumur; docimasie. — Métallurgie, acide naturel, acier de fonte, acier puddlé, acier cimenté, acier de fusion, acier du Wootz.

Nouveaux procédés : Procédé Chenot, procédé Bessemer, procédé Taylor, procédé Uchatuis, acier damassé. *Etoffes* : Travail de l'acier, raffinage, soudure, recuit à la forge, trempe, recuit à la trempe, écrouissage. *Propriétés de l'acier* : Des limes, du fil d'acier, des aiguilles, tôle d'acier, des scies.

7. — Agassiz et Gould. **MANUEL DU NATURALISTE. ZOOLOGIE.** — Traduit par Élisée Reclus. 1 volume. (*En préparation.*)

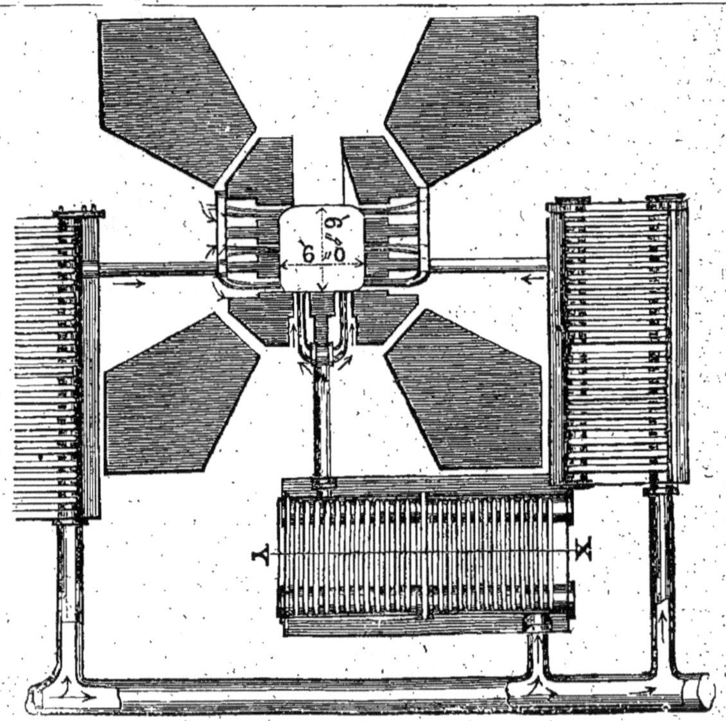

Figure spécimen du *Guide pratique du métallurgiste. Le Fer.* (Voir page 29.)

11. — Tissier (Charles et Alexandre), chimistes-manufacturiers. Guide pratique de la **RECHERCHE**, de l'**EXTRACTION** et de la **FABRICATION** de l'**ALUMINIUM**

et des **MÉTAUX ALCALINS**. Recherches techniques sur leurs propriétés, leurs procédés d'extraction et leurs usages. 1 vol., 226 pages, 1 pl. et fig. dans le texte. 3 fr.

Les notions sur l'aluminium se trouvaient disséminées dans des recueils nombreux publiés en France et à l'étranger. Les auteurs de ce guide ont eu l'idée de faire de ces notions éparses un tout homogène dans lequel, après avoir retracé l'historique de la préparation des métaux alcalins, ils esquissent l'histoire de la préparation de l'aluminium. Des chapitres spéciaux sont consacrés à la fabrication industrielle et aux propriétés physiques et chimiques de ce nouveau métal, qui a conquis très rapidement une grande place dans l'industrie.

12. — GUETTIER (A.), ingénieur, directeur de fonderies, etc. Guide pratique des **ALLIAGES MÉTALLIQUES**. 1 vol. VII-342 pages. . . . . 3 fr.

Après avoir donné quelques explications préliminaires sur les propriétés physiques et chimiques des métaux et des alliages, l'auteur examine au point de vue des alliages entre eux les métaux spécialement industriels, c'est-à-dire d'un usage vulgaire très répandu (cuivre, étain, zinc, plomb, fer, fonte, acier). Il donne ensuite quelques indications générales sur les métaux appartenant aux autres industries, mais n'occupant qu'une place secondaire (bismuth, antimoine, nickel, arsenic, mercure), et sur des métaux riches appartenant aux arts ou aux industries de luxe (or, argent, aluminium, platine); enfin, il envisage les métaux d'un usage industriel restreint, au point de vue possible de leur association avec les alliages présentant quelque intérêt dans les arts industriels.

15. — DRAPIEZ (M.). Guide pratique de **MINÉRALOGIE USUELLE**. Exposition succincte et méthodique des minéraux, de leurs caractères, de leur composition chimique, de leurs gisements, de leur application aux arts et à l'industrie. 1 vol, 504 pages. . . . . 3 fr.

A la lucidité des définitions et à la simplicité de la méthode d'exposition, ce guide joint un mérite qui n'échappera pas aux hommes pratiques; il contient la description des 1,500 espèces minérales dont il analyse les caractères distinctifs, la forme régulière et la forme irrégulière, les propriétés particulières, les compositions chimiques et les synonymies, les gisements, les applications dans les arts, dans l'industrie, etc.

18. — MALO (Léon), ingénieur civil, ancien élève de l'École centrale. — Guide pratique pour la fabrication et l'application de l'**ASPHALTE** et des **BITUMES**, 1 vol. III-319 pages, 7 planches . . . . 4 fr.

L'usage de l'asphalte et des bitumes se généralise. L'asphalte, après les ciments et les mortiers, vient prendre immédiatement sa place dans les constructions, et cependant il n'existait pas de traité pratique sur la fabrication et l'emploi de ces substances. Le livre de M. Malo comble cette lacune. Il abonde en renseignements intéressants non seulement pour les ingénieurs, mais aussi pour les autorités municipales. Ce guide pratique est accompagné de sept planches, dont quelques-unes de très grand format.

Extrait de la table des matières. — Définition, description historique de l'asphalte. — Nomenclature et régime des principales mines. — Extraction, préparation et cuisson. — Du bitume. — Manière d'employer l'asphalte. — Usages divers de l'asphalte. — Asphalte comprimé. — Notes et documents divers.

Série E

MÉCANIQUE, MACHINES MOTRICES

1. — Laffineur (Jules). Traité de la **CONSTRUCTION DES ROUES HYDRAULIQUES**, contenant tous les systèmes de roues en usage, les renseignements pratiques sur les dimensions à adopter pour les arbres tournants, les tourillons, les bras de roues hydrauliques, etc., etc. 1 vol., 142 p., de nombreux tableaux et 8 planches . . . 3 fr. 50

L'auteur démontre dans sa préface que le perfectionnement des machines motrices des usines est à la fois une nécessité d'intérêt général et privé. Dans son ouvrage, il recherche et il définit les principales conditions à remplir sous ce rapport, et il donne ensuite tous les détails relatifs à la construction des roues hydrauliques dans les meilleures conditions possibles.

Fidèle à la méthode qui lui est propre, M. Laffineur s'est surtout attaché à se faire comprendre par la simplicité des termes employés et par les nombreux exemples qu'il donne.

Les planches sont d'une grande netteté ; elles représentent tous les systèmes de roues en usage, roues à palettes, roues pendantes, roues en dessous et à aubes courbes, roues à augets, roues horizontales, roues à niveau constant, frein dynamométrique, etc.

---

2. — Du Temple (Louis), capitaine de frégate en retraite. Introduction à **l'ÉTUDE DE LA MÉCANIQUE**. 1 volume. (*En préparation.*)

6. — Dinée (F.-G.), mécanicien de la marine, ex-élève de l'École des arts et métiers de Châlons-sur-Marne. Traité pratique du tracé et de la construction des **ENGRENAGES** de la vis sans fin et des cames. 1 vol., 80 p. et 17 pl. 3 50

Ce livre répond à un besoin, car depuis longtemps il manquait à toute bibliothèque industrielle ; c'est une œuvre de mécanique véritablement pratique. Il se divise en trois chapitres :

1° Des courbes en usage dans la construction des engrenages ; 2° dimensions des détails et de l'ensemble des engrenages ; 3° tracé des engrenages, des vis sans fin, des cames.

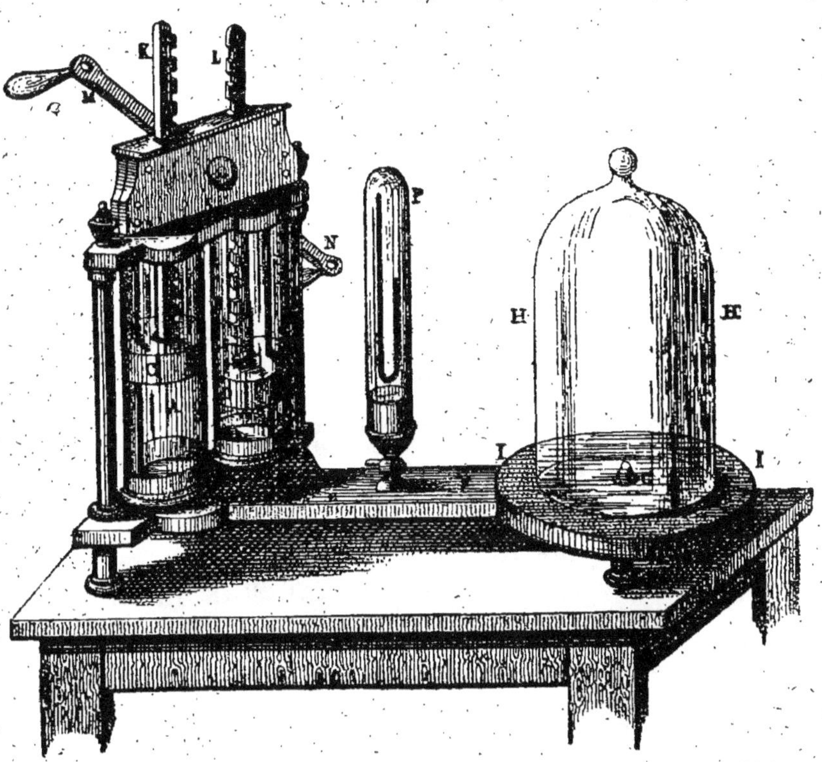

Figure spécimen de l'*Introduction à l'étude de la mécanique*. (Voir page 32.)

Série F

PROFESSIONS MILITAIRES ET MARITIMES

1. — DONEAUD (Alph.), professeur à l'école navale. *Aide-mémoire de l'officier de marine* (marine militaire et marine marchande). Notions pratiques de **DROIT MARITIME INTERNATIONAL ET COMMERCIAL**, 1 vol., 155 pages. . . . . 3 fr.

Les derniers traités de commerce ont augmenté dans des proportions considérables les relations internationales. Cet ouvrage de M. Doneaud devient donc d'une grande utilité pratique. Nous ajouterons que ce livre commence une série de volumes dont l'ensemble formera, dans notre bibliothèque, l'*Aide-mémoire* de l'officier de marine.

Extrait de la table des matières. — De la mer et des fleuves. — Droit international en temps de paix. — Droit commercial. — Droit maritime international en temps de guerre. — Documents officiels. — Bibliographie des principaux ouvrages à consulter pour le droit des gens en général, le droit international maritime et le droit commercial.

---

2. — BOUSQUET (Gustave), capitaine au long cours, ingénieur. Guide pratique d'**ARCHITECTURE NAVALE** à l'usage des capitaines de la marine du commerce, appelés à surveiller les constructions et les réparations de leurs navires. 1 vol., VI-103 pages, avec figures dans le texte. 2 fr.

Dans la *première partie*, l'auteur traite de la connaissance des cales, c'est-à-dire l'endroit où doit être réparé le navire. — Droit et tour d'une pièce. — Ecarts. — Quille. — L'étrave. — L'étambot. — L'assemblage des couples, etc.

Dans la *deuxième partie*, nous avons les revêtements intérieurs. — La lisse. — Les carlingues. — Les livets. — Bauquières. — Barrots. — Epontilles, etc.

Puis les revêtements extérieurs. Précintes, bordées, bois étuvés, chevillage, clous, calfatage, panneaux ou écoutilles, etc.

Cet abrégé très sommaire des matières contenues dans ce volume suffira pour faire comprendre au commandant d'un navire marchand que sa lecture ne lui en sera que très profitable.

3. — TARTARA (J.), commissaire ordonnateur de la marine en Algérie. Nouveau **CODE DES BRIS ET NAUFRAGES**, ou sûreté et sauvetage maritime, publié avec l'autorisation du ministre de la Marine et des Colonies. 1 volume grand in-18 d'environ 400 pages . . . . . . 7 fr.

4. — STEERK (le major). Guide pratique de la fabrication des **POUDRES ET SALPÊTRES**, avec un appendice sur les *feux d'artifice*, par M. SPILT. 1 vol., 360 pages, avec de nombreuses figures dans le texte . . . . . . 6 fr.

Dès les premières lignes de ce livre, on s'aperçoit que l'auteur est un homme compétent dans la matière qu'il traite, et qu'à l'étude dans le laboratoire, le major Steerk a joint l'expérience en grand. Dans ses données, tout est rigoureusement exact, et on peut accepter l'auteur comme guide, sans craindre de se tromper.

L'appendice sur les feux d'artifice résume en quelques pages les notions nécessaires pour la confection de ces feux.

Sommaire des chapitres. — Première partie : Soufre, salpêtre, bois. — Charbon : carbonisation par distillation, par vapeur, analyses des charbons. — Poudres : poudres de guerre, poudres de mine, poudres du commerce extérieur et poudres de chasse. — Épreuves. — Combustion des poudres, dosages, analyses.

Deuxième partie : Feux d'artifice. — Historique, matières premières, produits chimiques, outils, cartonnages, cartouches, feux qui produisent leur effet sur le sol, feux qui le produisent dans l'air, sur l'eau, etc., feux de salon, feux de théâtre. Confection des principales pièces d'artifice.

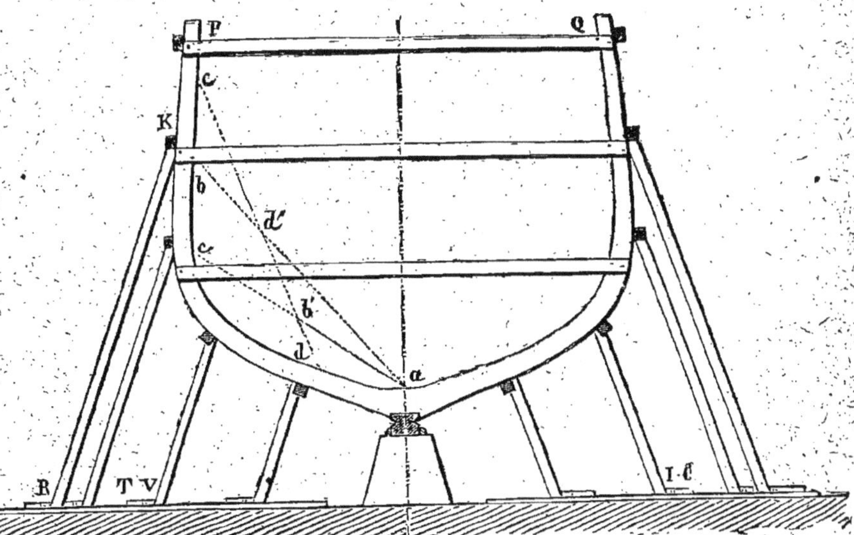

Figure spécimen du *Guide pratique d'architecture navale.* (Voir page 34.)

Série G

ARTS ET MÉTIERS, PROFESSIONS INDUSTRIELLES

1. — Basset (N.). Traité pratique de la **CULTURE** et de **l'ALCOOLISATION DE LA BETTERAVE**. Résumé complet des meilleurs travaux faits jusqu'à ce jour sur la betterave et son alcoolisation, renfermant toutes les notions nécessaires au cultivateur et au distillateur, ainsi que l'examen des méthodes de pulpation, de macération, de fermentation et de distillation employées aujourd'hui. 3e édition corrigée et considérablement augmentée. 1 vol. de 284 pages avec figures dans le texte. . . . . 3 fr.

Avant de donner au public cette nouvelle édition, l'auteur avait étudié à fond les principales questions relatives à la culture, à la distillation de la betterave, afin d'apporter son contingent à la grande question de la transformation agricole, par les données que l'expérience lui a fournies. Il a voulu mettre sous les yeux des agriculteurs et des distillateurs les faits techniques, scientifiques et pratiques, dans la plus grande simplicité d'expression. Il examine avec impartialité les différents systèmes : Champenois, Kessler, Dubrunfaut, etc.

---

2. — Rouland (E.). Nouveaux **BARÊMES DE SERRURERIE**. 1 vol.. . . . . 4 fr.

---

3. — Dubief (L.-F.). Guide pratique du **FÉCULIER** et de **l'AMIDONNIER**, suivi de la conversion de la fécule et de l'amidon en dextrine sèche et liquide, en sirop de glucose, sirop de froment, sirop impondérable; en sucre

de raisin, sucre massé, sucre granulé et cassonade, en vin, bière, cidre, alcool et vinaigre, ainsi que leur application dans beaucoup d'autres industries. 2e édition, 1 vol. de 267 pages, avec gravures dans le texte. . . . . . 4 fr.

Extrait de la table des matières. — Première partie. — Aperçu historique. — Des substances qui contiennent la fécule. — Composition et conservation de la pomme de terre. — Extraction de la fécule. — Lavage, râpage, tamisage, épuration, séchage, blutage. — Des résidus de la pomme de terre. — Du blanchiment de la fécule. — Rendement de la pomme de terre en fécule. — Perfectionnements importants apportés au lavage, etc. — Conservation, vente et falsification. — Caractères et propriétés de la fécule.

Dans la deuxième partie, l'auteur donne la description des procédés à suivre pour fabriquer les amidons.

La troisième et dernière partie vient compléter les deux premières par les renseignements les plus récents.

Dans cet ouvrage, l'auteur s'est appliqué à dégager son texte de toute gêne scientifique; il a été clair et précis pour mettre son enseignement à la portée de toutes les instructions et de toutes les intelligences. Pour chaque sujet, il est entré dans des développements minutieux en indiquant souvent ces tours de mains si indispensables, et que seule, la pratique ordinairement peut apprendre.

---

4. — Souviron (A.), professeur de technologie et d'histoire naturelle à l'Association polytechnique. — Dictionnaire des **TERMES TECHNIQUES** de la science, de l'industrie, des lettres et des sciences. 1 vol. de 586 pages. 6 fr.

---

5 — Dromart (E.), ingénieur civil. **CARBONISATION DES BOIS EN FORÊTS**. 1 vol. . . . . 4 fr.

Extrait de la table des matières : Bois. — Charbon de bois. — Carbonisation des meules en forêts. — Carbonisation des bois à goudron. — Appareils à vases clos. — Appareils à vapeur surchauffée. — Carbonisation des bois durs des tiges de bruyère. — Analyse des charbons.

---

6. — Guide pratique de l'**OUVRIER MÉCANICIEN**, ou la Mécanique de l'atelier, par MM. Bonnefoy, Cochez, Dinée, Gibert, Guipont, Juhel et Ortolan, mécaniciens en chef et mécaniciens principaux de la marine de l'État. 1 vol. x-627 pages, nombreuses figures dans le texte et atlas de 52 planches. Texte et atlas . . . . 12 fr.

Extrait de la Préface. — L'*Ouvrier mécanicien* est un recueil de faits réunis sous la forme de calculs arithmétiques accessibles à toutes les personnes qui savent faire les quatre premières règles. Nous ne saurions trop recommander aux ouvriers qui ne sont plus familiarisés avec les signes et les annotations mathématiques élémentaires, de ne pas croire qu'il y a pour eux quelque difficulté à comprendre les formules écrites dans ce livre et à s'en servir. Les calculs qu'elles résument sous la forme la plus simple sont suivis d'un ou de plusieurs exemples d'application.

Les parties du texte imprimées en caractères plus forts contiennent les indications simples et précises sur le plus grand nombre de cas d'application de la mécanique aux professions industrielles. Ces indications proviennent de l'expérience des ingénieurs et des constructeurs en renom et de celle des auteurs du livre.

Les parties du texte imprimées en petits caractères traitent le côté plus théorique que pratique des questions. On peut se dispenser de les étudier, si on ne veut trouver dans l'*Ouvrier mécanicien* que le secours d'un formulaire pour l'application immédiate.

Principales divisions de l'ouvrage : Arithmétique. — Algèbre pratique. — Géométrie pratique. — Mécanique élémentaire, forces, transformation des mouvements, résistance des matériaux. — Machines motrices à air, pompes, machines hydrauliques. — Machines à vapeur : de la chaleur, de la vapeur, condensateur, chaudières, données et renseignements divers.

Vingt-cinq tables numériques complètent les données pratiques sur les questions d'application. L'atlas comprend 52 planches.

7. — JAUNEZ, ingénieur civil. Manuel du **CHAUFFEUR.** Guide pratique à l'usage des mécaniciens, des chauffeurs et des propriétaires de machines à vapeur ; exposé des connaissances nécessaires, suivi de conseils afin d'éviter les explosions des chaudières à vapeur. 1 vol., 212 p., 37 fig. dans le texte et planches. . . . . 3 fr.

Cet ouvrage est spécialement destiné aux chauffeurs, comme l'indique son titre. Les bons chauffeurs pour l'industrie privée sont rares et, par conséquent, recherchés. Les personnes qui ont des machines à vapeur ne sont que trop souvent obligées d'employer pour chauffeurs des hommes qui manquent non seulement des connaissances indispensables pour remplir un tel emploi, mais quelquefois même de la moindre instruction pratique. Dans de telles circonstances, il y a évidemment danger, et c'est pourquoi nous avons publié cet ouvrage, afin qu'il soit mis dans les mains de tous les ouvriers qui, sans savoir le premier mot de la théorie de la chaleur ni de la mécanique, seront à même, après l'avoir lu attentivement, de conduire une machine à vapeur. Cet ouvrage doit être dans leurs mains comme un catéchisme qui viendra leur apprendre leur métier.

Extrait de la table des matières : — Pression de l'air. — Baromètre. — Compression de l'air. — Pompes. — Du calorique. — Thermomètre. — Quantité d'eau nécessaire à la condensation de l'eau. — De la vapeur d'eau. — Des moyens pour connaître la force de la vapeur. — Manomètre. — Soupapes de sûreté. — Conduite du feu. — Chaudière. — Giffard. — Incrustations et dépôts dans les chaudières. — Des soins et de l'entretien des machines à vapeur. — Résumé des moyens ayant pour but d'éviter les explosions. — Mise en marche des machines à vapeur. — Renseignements généraux, etc.

8. — VIOLETTE (H.), ancien élève de l'École polytechnique, commissaire des poudres et salpêtres, membre de plusieurs sociétés savantes. Guide pratique de la **FABRICATION DES VERNIS**, nouvelle édition, revue, corrigée et complètement refondue, de l'ouvrage de M. TRIPIER-DEVAUX. 1 vol., 401 p., avec de nombreuses figures dans le texte. . . . . 6 fr.

Nos prédécesseurs ont publié en 1843 un ouvrage de M. Tripier-Devaux : *Traité théorique et pratique sur l'art de faire les vernis ;* cet ouvrage, devenu très rare et dont il ne nous reste plus un exemplaire en magasin, se recommandait par une qualité précieuse, celle de l'expérience commerciale de l'auteur, qui a pratiqué en grand les conseils qu'il donne. M. Tripier était un fabricant exercé, intelligent, qui a enseigné dans son livre l'art qu'il pratique ; il est digne de toute croyance. Aussi M. Violette, pour ce nouvel ouvrage, lui a-t-il fait de nombreux emprunts.

Le nouveau rédacteur a, de son côté, cherché également à reculer les bornes de l'art du vernisseur. Il fait connaître les causes et les effets des réactions, les conditions de succès, etc.

Extrait de la préface. — Les vernis ne sont autres que des solutions de résines dans certains liquides. Ces liquides, qui sont ordinairement l'*éther*, l'*alcool*, l'***essence de térébenthine*** et les ***huiles***, donnent aux vernis qui en résultent des propriétés caractéristiques qui en déterminent l'usage. Cette désignation des liquides nous permet de diviser les vernis en quatre classes. — Vernis à l'éther. — Vernis à l'alcool. — Vernis à l'essence, — Vernis gras.

Cette division sera celle des quatre chapitres composant notre ouvrage : nous examinerons chaque classe successivement ; cet examen comprendra : 1° les propriétés physiques et chimiques, ainsi que la préparation du liquide employé à dissoudre les résines de cette classe ; 2° les propriétés physiques et chimiques, ainsi qu l'origine des résines employées dans cette catégorie ; 3° la fabrication proprement dite des vernis, par le mélange des résines et liquides précédemment étudiés.

---

9. — CHATEAU (Th.), chimiste, ex-préparateur au Muséum d'histoire naturelle. Guide populaire de la **CONNAISSANCE** et de l'**EXPLOITATION DES CORPS GRAS INDUSTRIELS**, contenant l'histoire des provenances, des modes d'extraction, des propriétés physiques et chimiques, du commerce des corps gras, des altérations et des falsifications dont ils sont l'objet, et des moyens anciens et nouveaux de reconnaître ces sophistications. Ouvrage à l'usage des chimistes, des pharmaciens, des parfumeurs, des fabricants d'huiles, etc., des épurateurs, des fondeurs de suif, des fabricants de savon, de bougie, de chandelle, d'huiles et de graisses pour machines, des entrepositaires de graines oléagineuses et de corps gras, etc. 2e édition, augmentée d'un appendice. 1 vol., 413 pages ou tableaux. . . . 5 fr.

M. Chateau, en publiant la première édition de cet ouvrage, avait eu pour but de donner aux chimistes et aux manufacturiers une histoire aussi complète que possible des corps gras industriels employés tant en France qu'à l'étranger, et considérés au point de vue de leur provenance, de leur extraction, de leur composition, de leurs propriétés physiques et chimiques, de leur commerce, et de leurs altérations spontanées ou frauduleuses.

Dans la nouvelle édition, M. Chateau a ajouté à sa monographie des corps gras un appendice renfermant quelques corrections indispensables et d'importantes additions.

---

10. — MULDER (G.-J.), professeur à l'Université d'Utrecht. Guide du brasseur ou l'**ART DE FAIRE LA BIÈRE**, traité élémentaire théorique et pratique. La bière, sa composition chimique, sa fabrication, son emploi comme boisson, traduit de l'allemand et annoté par L.-F. Dubief, chimiste,

auteur d'un ouvrage sur la bière, devenu rare aujourd'hui et remplacé par celui dont nous donnons ici le titre, d'un traité de vinification, etc. 1 vol., VIII-444 pages. . . 6 fr.

On a beaucoup écrit sur ce sujet. On compte cinq auteurs français, six anglais, six prussiens et un ouvrage d'un auteur italien; en outre, les revues périodiques et de petits opuscules restés inconnus. M. Mulder a tâché d'analyser tous ces écrits pour en tirer la quintessence en y apportant de son propre fond. C'est un travail consciencieusement écrit, fruit de laborieuses études dont le brasseur pourra faire son profit.

---

13. — MERLY (J.-F.), charpentier, entrepreneur de travaux publics, membre de la Société industrielle d'Angers, auteur de l'album du Trait théorique et pratique, etc. Le **LIVRE DE POCHE DU CHARPENTIER**, application pratique à l'usage des CHANTIERS, des ÉLÈVES DES ÉCOLES PROFESSIONNELLES, etc. Collection de 140 ÉPURES, 1 vol. 287 pages de texte et planches en regard. . . . . . . 5 fr.

M Merly n'est pas un savant qui doit s'efforcer d'oublier la technologie de l'école pour parler le langage ordinaire de la plupart de ses auditeurs ; M. Merly est, au contraire, un ouvrier, un homme pratique, qui a cherché à se faire comprendre par les compagnons de travail auxquels il s'adressait, et qui est arrivé à des démonstrations si claires, à des explications si naturelles, que les théoriciens eux-mêmes ont bientôt eu à s'inspirer de ses travaux. Rien de plus net que ses dessins, rien de plus simple que ses préceptes : c'est en quelque sorte en se jouant qu'il arrive aux épures les plus compliquées. — C'est le résumé des cours faits par M. Merly à ses compagnons charpentiers. Il est écrit d'une façon tellement compréhensible que les propriétaires, à la campagne, pourront en prendre utilement connaissance et s'en servir pour diriger leurs travaux, lorsqu'ils ne trouveront pas sous la main des hommes de la profession.

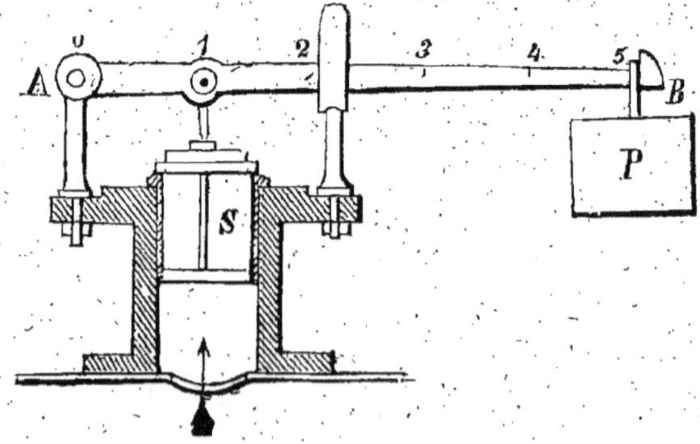

Figure spécimen du *Manuel pratique du chauffeur*. (Voir page 38.)

14. — FOL (Frédéric), chimiste. **GUIDE DU TEINTURIER.** Manuel complet des connaissances chimiques indispensables à la pratique de la teinture. 1 vol., 430 pages et 90 figures dans le texte . . . . 8 fr.

En publiant cet ouvrage, l'auteur s'est proposé de répandre dans la population ouvrière qui s'occupe des travaux de teinture les connaissances nécessaires des sciences sur lesquelles est basée cette industrie.

La teinture est aujourd'hui bien différente de ce qu'elle était il y a vingt ans. La chimie, en envahissant les usines, a chassé l'ancienne routine; la mécanique, la physique et les sciences naturelles, de leur côté, ont aussi fait de grands progrès; il est donc nécessaire que l'ouvrier et le contre-maître, qui souvent n'ont pas reçu une instruction suffisante, puissent se mettre au niveau des connaissances nécessaires pour bien exercer leur industrie; c'est ce qu'a voulu faire l'auteur en publiant ce livre; il est dicté dans un style simple et facile à comprendre. Répandre les notions les plus importantes sous la forme la plus facile à saisir, telle a été la préoccupation constante de l'auteur.

Figure spécimen du *Guide du teinturier.* (Voir page 41.)

16. — LEROUX (Charles), ingénieur mécanicien, directeur de filature. Traité pratique de la **LAINE PEIGNÉE, CARDÉE, PEIGNÉE ET CARDÉE,** contenant : 1re *partie*, mécanique pratique, formules et calculs appliqués à la filature ;

2e *partie*, filature de la laine peignée, cardée peignée, sur la Mull-Jenny; 3e *partie*, filage anglais et français sur continu ; 4e *partie*, laine cardée. 1 vol., 400 p., 35 fig. dans le texte et 4 planches. . . . . 15 fr.

Extrait de la table des matières. — Choix d'un moteur. — Transmissions. — Arbres de couche. — Courroies. — Poulies. — Engrenages. — Frottements. — Force des moteurs. — Leviers. — Fabrication. — Triage des laines. — Caractères des laines. — Main-d'œuvre du triage. — Battage. — Nettoyage des laines — Dessuintage. — Dégraissage. — Graissage des laines. — Disposition mécanique d'un assortiment de cardes. — Aiguisement des garnitures. — Bourrage des garnitures. — Cardages. — Passage au Gill-Box. — Lissage et dégraissage des rubans. — Peignage des laines. — Préparation des laines pour filage français. — Les différents passages. — Filage français sur Mull-Jenny.

17. — Courten (comte Ludovico de), photographe. Manuel pratique de **COLLODION SEC AU TANIN** et de tirage économique des épreuves positives, suivi d'une étude sur la rectitude et le parallélisme des lignes en photographie. 1 vol., 150 p., avec fig. dans le texte et une très belle photographie. . . . . 4 fr.

23. — Moreau (L.), bijoutier et dessinateur. Guide pratique du **BIJOUTIER**. Application de l'harmonie des couleurs dans la juxtaposition des pierres précieuses, des émaux et de l'or de couleur. 1 volume, 108 p., avec 2 planches coloriées. . . . . 2 fr.

Ce petit livre est une protestation hardie contre l'esprit de routine. L'auteur a réuni les données fournies par la science sur l'harmonie et le contraste des couleurs, et comparant ces données aux observations faites dansl a pratique du métier, il a formé une théorie applicable à la bijouterie.

24. — Pelouze. **MAITRE DE FORGE.** 1 vol. (*Épuisé.*)

26. — Barbot (Ch.), ancien joaillier, inventeur du procédé de décoloration du diamant brut, membre de plusieurs sociétés savantes. Guide pratique du **JOAILLIER**, ou **TRAITÉ COMPLET DES PIERRES PRÉCIEUSES**, leur étude chimique et minéralogique, les moyens de les reconnaître sûrement, leur valeur approximative et raisonnée, leur emploi, la description des plus extraordinaires des chefs-d'œuvre anciens et modernes auxquels elles ont concouru. 1 vol. rel., 567 pages, 3 planches renfermant 178 figures représentant les diamants les plus célèbres de l'Inde, du Brésil et de l'Europe, bruts et taillés, et les dimensions exactes des brillants et roses en rapport avec leur poids, depuis un carat jusqu'à cent carats. 1 vol. (*Epuisé.*)

31. — Laffineur (Jules), ingénieur civil et agronome, membre de plusieurs Sociétés savantes. Guide pratique d'**HYDRAULIQUE URBAINE ET AGRICOLE**. Traité complet de l'établissement des conduites d'eau pour l'alimentation des villes, bourgs, châteaux, fermes, usines, et comprenant les moyens de créer partout des sources abondantes d'eau potable. 1 vol. . . . . 2 fr.

33. — Bastenaire. L'art de fabriquer la **PORCELAINE**. 1 volume. (*Épuisé.*)

34. — Bastenaire. L'Art de fabriquer la **FAIENCE**. 1 volume. (*Épuisé.*)

35. — Prouteaux (A.), ingénieur civil, ancien élève de l'École centrale des arts et manufactures, directeur de fabrique. Guide pratique de la **FABRICATION DU PAPIER ET DU CARTON**. 1 vol., 273 pages, 7 pl. (*Épuisé.*)

Après avoir énuméré et classé méthodiquement les diverses matières premières, l'auteur nous initie aux détails de la fabrication et nous décrit les nombreuses transformations que subit le chiffon avant de sortir de la cuve ou de la machine sous forme de papier. Il nous apprend à connaître et à distinguer les différentes espèces de papier leurs formats, leurs poids, dimensions, et décrit les diverses machines qui constituent le matériel d'une papeterie. — Un éditeur américain s'est empressé de faire traduire en anglais l'ouvrage de M. Prouteaux ; c'est le meilleur éloge que nous en puissions faire.

43. — Lunel (le docteur B.). Guide pratique du **PARFUMEUR**. Dictionnaire raisonné des **COSMÉTIQUES** et **PARFUMS**, contenant : la description des substances employées en parfumerie, les altérations ou falsifications qui peuvent les dénaturer, etc., les formules de plus de 500 préparations cosmétiques, huiles parfumées, poudres dentifrices dilatoires, eaux diverses, extraits, eaux distillées, essences, teintures, infusions, esprits aromatiques, vinaigres et savons de toilette, pastilles, crèmes, etc., avec des considérations hygiéniques sur les préparations cosmétiques qui peuvent offrir des dangers dans leur emploi. 1 vol. rédigé sous forme de dictionnaire avec un appendice XXVII-340 pages. 5 fr.

La parfumerie est une industrie qui, bien comprise et loyalement faite, se rattache d'un côté à l'hygiène et de l'autre est destinée à satisfaire des goûts et des sensations commandées par le luxe et une civilisation plus ou moins avancée.

M. Lunel divise la fabrication en trois classes : fabrique de parfumerie à bon marché, fabrique dont les produits sont coûteux, et enfin les fabriques mixtes, dans les vastes magasins desquelles ont trouve aussi bien les produits ordinaires que les produits extra-fins.

M. Lunel donne des renseignements précieux sur toutes ces préparations, et son livre a cela de précieux qu'il donne toutes les formules et les secrets de la fabrication.

44. — Lunel (le docteur B.). Guide pratique de l'**ÉPICERIE** ou Dictionnaire des denrées indigènes et exotiques en usage dans l'économie domestique, comprenant : l'étude, la description des objets consommables ; les moyens de constater leurs qualités, leur nature, leur valeur réelle ; les procédés de préparation, d'amélioration et de conservation des denrées, etc. ; contenant, en outre, la fabrication des liqueurs, le collage des vins, les moyens de guérir leurs maladies, etc. ; enfin les procédés de fabrication d'une foule de produits que l'on peut ajouter au commerce de l'epicerie. 1 volume, 256 pages . . . 3 fr.

Le commerce de l'épicerie et des denrées indigènes et exotiques d'un usage journalier est l'un des plus importants et des plus utiles pour la société. Il était regrettable que cette branche si étendue du commerce n'ait pas encore son livre spécial. Sans doute on trouve dans nombre d'ouvrages l'histoire des denrées indigènes et exotiques. Réunir sous forme de dictionnaire toutes ces données éparses, afin de faciliter les renseignements, tel a été le but que s'est proposé le docteur Lunel en publiant son livre sur l'épicerie.

48. — Monier (E.), ingénieur chimiste, ancien élève de l'École centrale des arts et manufactures. Guide pour l'**ESSAI** et l'**ANALYSE DES SUCRES** indigènes et exotiques, à l'usage des fabricants de sucre. Résultats de 200 analyses de sucres classés d'après leur nuance. 1 vol., 96 pages avec figures dans le texte et tableaux . . . . 3 fr.

L'auteur, après avoir rappelé les propriétés générales des substances saccharifères, donne les méthodes les plus simples qui permettent de doser avec précision ces mêmes substances. Quelques notes sur l'altération et le rendement des sucres soumis au raffinage terminent le travail de M. Monier, dont M. Payen a fait un éloge mérité devant l'Académie des sciences.

50. — Dubief (L.-F.), chimiste œnologue. Traité de la fabrication des **LIQUEURS** françaises et étrangères sans distillation. 4e édition, augmentée de développements plus étendus, de nouvelles recettes pour la fabrication des liqueurs, du kirsch, du rhum, du bitter, la préparation et la bonification des eaux-de-vie et l'imitation de celles de Cognac, de différentes provenances, de la fabrication des sirops, etc., etc. 1 vol. 228 pages. . . . . 5 fr.

Ce traité est formulé en termes clairs et familiers ; la personne la moins expérimentée dans l'art du distillateur qui en lira attentivement les préceptes pourra, sans aucun guide, devenir un bon fabricant après quelques essais.

Sommaire de quelques chapitres : — De la composition des liqueurs. —

Quantités d'alcool, de sucre et d'eau, pour les différentes classes de liqueurs.— Des teintures aromatiques. — Des infusions. — De la coloration des liqueurs. — Du mélange. — Du perfectionnement des liqueurs par le tranchage. — Du collage des liqueurs. — De la filtration. — De la conservation des liqueurs. — Règle générale pour bien opérer la fabrication des liqueurs. — Considérations à observer. — Des spiritueux aromatiques non sucrés. — Emploi des écumes et des eaux provenant du lavage des filtres. — Formules et préparations des sirops. — De l'alcool. -- Du coupage ou mouillage des alcools. — Des eaux-de-vie. — Opérations d'eaux-de-vie à tous les titres avec les alcools d'industrie. — Résumé pour les liqueurs, les eaux-de-vie et les alcools.— Appendice. — L'auteur termine cet ouvrage par une liste des principaux marchés des eaux-de-vie, esprits, etc.

51. — DUBIEF (L.-F.) Traité complet de **VINIFICATION** ou **ART DE FAIRE DU VIN** avec toutes les substances fermentescibles, en tout temps et sous tous les climats. 1 vol., 388 pages . . . . 6 fr.

Volume contenant : les moyens de remédier à l'intempérie des saisons relativement à la maturité du raisin. Le tableau des phénomènes de la fermentation et le meilleur moyen de la produire et de la diriger; les moyens particuliers de faire fermenter les marcs provenant de l'égrapillage du raisin et refermenter ceux qui ont déjà été fermentés; de procurer au vin plus de qualité par une seconde fermentation; de le vieillir sans faire de coupage, par des procédés simples et faciles; de lui enlever le goût de terroir, comme aussi d'obtenir des marcs de raisin, de l'alcool, de l'huile, de l'acide tartrique, etc. ; *et suivi* : des procédés de fabrication des vins mousseux, des vins de liqueurs, vins de fruits et vins factices, les soins qu'exigent leur gouvernement et leur conservation, les principes pour la dégustation et l'analyse des vins, etc., etc.

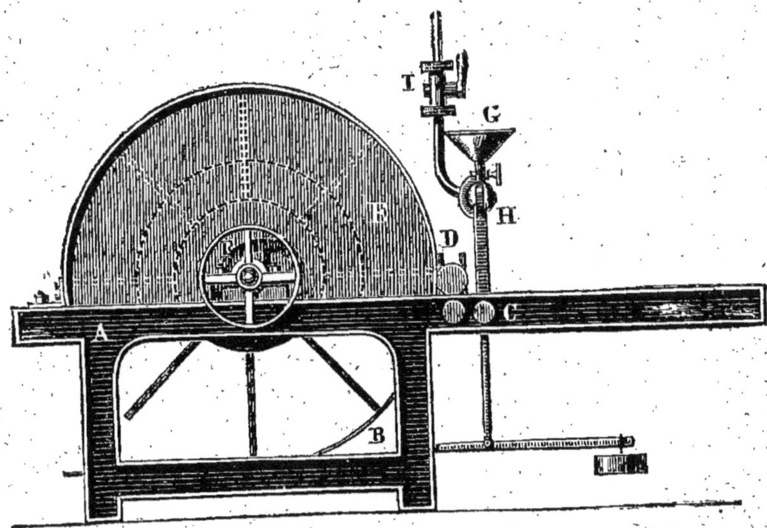

Figure spécimen de la *Filature de la laine*. (Voir page 41.)

Série H

AGRICULTURE, JARDINAGE, HORTICULTURE, EAUX ET FORÊTS, CULTURES INDUSTRIELLES, ANIMAUX DOMESTIQUES, APICULTURE, PISCICULTURE, ETC.

1. — GOBIN (A.). Guide pratique d'**AGRICULTURE GÉNÉRALE**. 1 volume, X-448 pag. avec fig. dans le texte. 4 fr.

Extrait de la table des matières. — *Chap.* Ier. Considérations générales sur l'atmosphère et les climats : l'air, la lumière, l'électricité, la chaleur, le froid, la gelée, le dégel et la neige, les vents, les orages, la grêle, le brouillard, les nuages, la pluie, les différents climats. — *Chap. II.* Principes constituants du sol, analyse chimique des sols, des différentes formations géologiques. Des terres : terres calcaires, argileuses, siliceuses, etc. — *Chap. III.* Les instruments de l'agriculture. Les moteurs : l'eau, le vent, l'homme, le cheval, la vapeur. — *Chap. IV.* Engrais et amendements. — *Chap. V et VI.* Considérations générales sur la culture des plantes, la semaison, la récolte, l'emmagasinage, etc. Enfin l'auteur termine par des considérations et des renseignements sur l'administration rurale.

---

3. — LAFFINEUR (Jules), ingénieur civil et agronome, membre de plusieurs sociétés savantes. Guide pratique de l'**INGÉNIEUR AGRICOLE**. — Hydraulique, dessèchement, drainage, irrigation, etc.; suivi d'un appendice contenant les lois, décrets, règlements et instructions ministérielles qui régissent ces matières, etc. — 1 vol., 266 pages, avec fig. et 5 pl. 3 fr.

Extrait de la table. — Classification des terrains. — Travaux de dessèchement, évaporation, infiltration. — Jaugeage des sources, des ruisseaux et rivières. — Tracé des canaux. — Description des procédés de dessèchement, colmatage, limonage, du drainage. — Irrigation, établissement d'un système d'irrigation. — Murs de soutènement des canaux, revêtements, radiers, déversoirs, barrage, siphon. — Des diverses méthodes d'arrosage. — Mise en culture des terrains à grandes pentes. — Jurisprudence rurale.

4-5. — GAYOT (E.), membre de la Société centrale d'Agriculture de France. Guide pratique pour le bon aménagement des **HABITATIONS DES ANIMAUX**. Cet ouvrage se compose de 2 parties.

1re partie : les **ÉCURIES ET LES ÉTABLES**, 208 pages et 63 figures. 1 vol. . . . . 3 fr.

2e partie : les **BERGERIES ET LES PORCHERIES**, les habitations des animaux de la basse-cour, clapiers, oiselleries et colombiers. 355 pages et 65 figures. 1 vol. 3 fr.

Aucun animal ne saurait être développé dans ses facultés natives, dans ses aptitudes propres, et produire activement dans le sens de ces dernières, si on ne le place dans les meilleures conditions d'alimentation, de logement, de multiplication. M. Gayot, avec l'autorité d'une longue expérience, a réuni dans ces deux volumes les conditions générales d'établissements et les dispositions particulières aux diverses espèces d'animaux.

1re PARTIE. — **Écuries et Étables.** *Extrait de la table des matières.* — Le sujet à vol d'oiseau. — Des effets de l'air pur et de l'air vicié sur l'économie animale. — L'aération : les portes et fenêtres, barbacanes et ventilateurs. *Dispositions particulières aux diverses espèces* : les dimensions intérieures, encore les portes et fenêtres, de l'aire des écuries, le plancher supérieur des écuries, arrangement intérieur et ameublement des écuries, les séparations, les boxes, établissements spéciaux, la température des écuries. *Les étables de l'espèce bovine* : l'aération, l'aire des étables, les dimensions et l'aménagement intérieurs, les boxes, règle d'hygiène générale, établissements spéciaux.

2e PARTIE. — **Les Bergeries** : de l'habitation en plein air, le parc des champs le parc domestique, les abris brise-vent. — DE L'HABITATION COUVERTE : conditions particulières à l'établissement des bergeries, les portes et fenêtres, l'aération, les bâtiments, les aménagements intérieurs, auges et râteliers. — LA PORCHERIE : les conditions spéciales, la construction, les portes et fenêtres, les aménagements essentiels, les auges, dispositions particulières de l'ensemble. — *Les habitations de la basse-cour* : l'habitation du dindon, l'habitation de l'oie, la demeure du canard, le colombier et la volière, la faisanderie, etc., etc.

Gravure spécimen des *Écuries et des Étables*.

6-7. — POURIAU (A.-F.), docteur ès sciences, ancien élève de l'École centrale, professeur à l'École d'agriculture de Grignon, etc. Éléments des **SCIENCES PHYSIQUES** appliquées à l'agriculture ; ouvrage divisé en deux parties. Chaque partie se vend séparément.

1re Partie. *Chimie inorganique*, suivie de l'étude des marnes, des eaux, et d'une méthode générale pour reconnaître la nature d'un des composés minéraux intéressant l'agriculture ou la médecine vétérinaire. 1 vol., 512 pages, 153 figures dans le texte et tableaux. . . . . 7 fr.

2e Partie. *Chimie organique*, comprenant l'étude des éléments constitutifs des végétaux et des animaux, des notions de physiologie végétale et animale, l'alimentation du bétail, la production du fumier. 1 vol. 541 pages, 65 figures dans le texte et tableaux. . . . . 7 fr.

M. Pouriau, aujourd'hui professeur et sous-directeur à l'École d'agriculture de Grignon, a été nommé secrétaire général de la Société d'agriculture de Lyon, à l'élection. Voilà quelques-uns des titres du savant professeur ; quant à ses ouvrages, ils sont promptement devenus classiques et ils sont en même temps consultés avec fruit par tous les agriculteurs, les propriétaires, les gentilshommes-fermiers et par tous les gens d'étude et les gens du monde. Pour cette dernière classe de lecteurs, nous citerons le passage de la préface qui indique que cet ouvrage a été en partie rédigé à leur intention :

« Mais, d'autre part, je conseille aux gens du monde, que de semblables détails ne peuvent que médiocrement intéresser, de laisser de côté ces paragraphes, pour reporter leur attention sur les autres chapitres.

« Enfin, toujours guidé par le désir de satisfaire aux besoins de chaque classe de lecteurs, j'ai indiqué, *en note et séparément*, la préparation des principaux corps étudiés, parce que cette branche du cours ne saurait être utile qu'à ceux en position de faire quelques manipulations.

« Si les amis de la science agricole me prouvent, par un accueil bienveillant fait à mon livre, que j'ai suivi la bonne voie, je leur en témoignerai ma reconnaissance en leur offrant successivement les autres parties de mon enseignement. »

---

8. — KIELMANN (C.-E.), directeur de l'Ecole agricole de Haasenfelde. Guide pratique de **DRAINAGE** ; résultats d'observations et d'expériences pratiques, traduit pour l'usage des agriculteurs français par C. Hombourg. 1 vol. 104 pages, avec figures dans le texte. . . . . 2 fr. »

La plupart des ouvrages publiés sur le drainage sont le résultat d'études théoriques que l'expérience n'a pas encore sanctionnées. M. Kielmann est entré dans une autre voie : il n'a eu recours à la théorie qu'autant que cela était nécessaire pour expliquer certains phénomènes. Comme il le dit dans sa préface, il voulait offrir à ceux qui commencent à s'occuper du drainage, et même au plus petit cultivateur, un livre à la lecture facile et surtout compréhensible.

Extrait de la table des matières. — Quels sont les terrains qui ont besoin d'être drainés. — De la fabrication des tuyaux, leur longueur, largeur et épaisseur. — Préparation d'une bonne matière pour la confection des tuyaux. — Machine à étirer les tuyaux, préparation de l'argile. — De la cuisson des tuyaux, des travaux préparatoires, nivellement des tranchées, circulation de l'air à travers les tuyaux. — De la quantité d'eau qui s'écoule par les drains, etc.

9. — Basset. **CHIMIE AGRICOLE.** Leçons familières sur les notions de chimie élémentaire utiles au cultivateur, et sur les opérations chimiques les plus nécessaires à la pratique agricole. 1 vol. (*Épuisé.*)

10. — Serigne (de Narbonne), membre de plusieurs sociétés savantes. **LA VIGNE ET SES MALADIES**, contenant les causes et effets morbides depuis l'origine de sa culture jusqu'à nos jours, avec les moyens à employer pour les prévenir et les combattre. Précédé d'une description historique et botanique de cette plante précieuse, ainsi que d'une causerie sur l'oïdium et le phylloxera. 1 vol. in-18. . . . . 3 fr.

Sommaire des principaux chapitres. — Description historique. — Description botanique. — L'oïdium et le phylloxera. — Description historique de l'oïdium. — Maladies de l'oïdium. — Concours pour la guérison do l'oïdium. — Opinions émises sur l'oïdium. L'oïdium est-il la cause de la maladie. — Remède adopté contre la maladie. — Effets du soufrage. — Causes réelles de la maladie. — Températures favorables ou nuisibles. — Influence des saisons et des météores. — Blessures ou plaies, blanquet ou pourridie, coulure, carniure, chancre vitifères, clavelée, chlorose ou hydroémie, décrépitude, flottage, grapillure, nielle, geule, stérilité. — Maladie des feuilles. — Pyrales. — Destruction de la pyrale à l'état de papillon, à l'état de larve ou chenille. — Moyens préventifs et moyens curatifs. — Destruction de la pyrale à l'état d'œuf, etc.

11. — Gossin (L.), cultivateur, professeur d'agriculture dans l'Oise, etc. Guide pratique des **CONFÉRENCES AGRICOLES**, accompagné d'un appendice comprenant des notes et des instructions pratiques puisées dans les Annales du Génie civil. 1 vol., XII-138 pages . . . . 2 fr.

(Ouvrage recommandé officiellement pour les écoles normales, etc.) Dans les grandes villes, on tient des conférences ; M. Gossin a rêvé les conférences au village, des conversations intimes, familières, fructueuses. Dévoué depuis de longues années à l'enseignement rural, M. Gossin possède de plus l'art de la démonstration facile, et sa parole sympathique est écoutée avec plaisir et par conséquent avec fruit.

12. — Sourdeval (de). **ÉLEVAGE ET DRESSAGE DU CHEVAL.** 1 volume. (*En préparation.*)

14. — Dubos (Ernest), vétérinaire de l'arrondissement de Beauvais, professeur de zootechnie à l'Institut agricole de la même ville. Guide pratique pour le choix de la **VACHE LAITIÈRE**, 1 vol., 132 p. et 7 pl. . . . . 2 fr.

Les diverses méthodes pour le choix des vaches laitières sont résumées dans ce livre. Les agriculteurs et les éleveurs y trouveront l'indication des signes qui peuvent les guider pour la conservation et l'acquisition des animaux qui conviennent le mieux à leurs exploitations — Les figures représentant les diverses races de vaches laitières qui sont remarquables.

Dans le chapitre premier, l'auteur s'occupe de la stabulation, de l'alimentation et du rendement. — Le chapitre deuxième est consacré à l'étude du lait, ses modifications et ses altérations. — Dans les autres chapitres, l'auteur donne des renseignements pour reconnaître les propriétés du lait, le moyen de reconnaître les falsifications, les qualités exigées de la servante de ferme et la manière de traire. — Dans les chapitres sixième et septième, il indique les caractères et les méthodes qui peuvent guider dans le choix des meilleures vaches laitières. Enfin il termine par un chapitre sur la castration des vaches.

15. — Dubief (L.-F.). **L'IMMENSE TRÉSOR DES VIGNERONS ET DES MARCHANDS DE VIN**, indiquant des moyens inédits pour vieillir instantanément les vins, leur enlever les mauvais goûts, même celui de terroir, colorer les vins blancs en rouge Narbonne, même d'une manière hygiénique et sans aucun coupage, éviter leur dégénérescence, partant, plus de vins aigres, amers, gras ou poussés; découverte d'un agent supérieur à l'alcool pour le maintien, la conservation et l'expédition lointaine des vins, 3e édition revue, corrigée et considérablement augmentée, 1 vol. de 196 pages. . . . . 3 fr.

Extrait de la table des matières. — De la connaissance des vins. — Appréciation et dégustation. — De la distinction. — Du mélange ou du coupage. — Du vinage. — Amélioration des vins. — De l'imitation des vins. — De la confection des vins mousseux. — Du vin muet et de ses avantages. — Des vins de liqueurs et de leurs imitations. — Recettes et opérations des vins de liqueurs. — *Méthode du Midi*. — *Méthode de Paris*. — De la conservation des vins en fûts pleins et en vidange. — Du soufrage ou méchage. — Du collage pour la clarification. — Arome, sève, bouquet et goût de terroir. — Du gouvernement et de la conservation des vins — De la mise en bouteilles. — Des altérations. — Moyen de les prévenir et de les corriger. — Des altérations accidentelles et moyen de les guérir. — Disposition et conservation des tonneaux. — Contenance des fûts. — L'auteur termine son livre par une série de renseignements très utiles.

17. — Mariot-Didieux. Guide pratique de l'**ÉDUCATEUR DES LAPINS**, ou Traité de la race cuniculine, suivi de l'Art de mégisser leurs peaux et d'en confectionner des fourrures. 1 vol., 156 pages. . . . . 2 fr. 50

L'industrie de l'éducation de la race cuniculine est créée et elle marche vers le progrès. C'est dans le but de la voir se propager dans les campagnes comme une des industries peut-être les plus propres à tarir les sources du paupérisme et de la misère que l'auteur a publié cette nouvelle édition de son *Guide pratique*, en l'enrichissant d'un grand nombre de données nouvelles. En résumé, l'auteur démontre qu'aucune viande ne peut être produite à aussi bon marché que celle du lapin. L'auteur, en terminant sa préface, adjure les habitants des campagnes de se livrer à l'éducation des lapins, parce qu'ils y trouveront, sans beaucoup de soins, une source abondante de bien-être.

---

18. — MARIOT-DIDIEUX, vétérinaire en premier aux remontes de l'armée, membre et lauréat de plusieurs sociétés savantes. **ÉDUCATION LUCRATIVE DES POULES**, ou traité raisonné de gallinoculture. 1 vol., 444 pages. 3 fr. 50

---

19. — MARIOT-DIDIEUX, vétérinaire. Guide pratique de l'éducation lucrative des **OIES** et des **CANARDS**. 1 vol., 180 pages avec figures . . . . 2 fr. 50

L'éducation, la multiplication et l'amélioration des animaux qui peuplent les basses-cours ont fait depuis une quinzaine d'années de notables progrès. Répondant à un besoin de l'économie domestique, l'auteur de ces guides pratiques a voulu faire un traité complet de gallinoculture dans lequel, après des considérations historiques, anatomiques et physiologiques sur les poules, il décrit les caractères physiques et moraux de quarante-deux races, apprend à faire un choix parmi ces races si diverses et indique les moyens de conservation et de multiplication des individus. Des chapitres spéciaux sont consacrés aux maladies, à la pharmacie gallinée, à la statistique des poules et des œufs de la France, etc.

Dans la deuxième partie, l'auteur donne deux monographies à la fois utiles instructives et amusantes. Il décrit les mœurs particulières de chaque espèce et indique le genre de nourriture favorable à leur multiplication et propre à donner des bénéfices aux éleveurs. Toutes ces notions, parsemées de données historiques, d'anecdotes, de réflexions philosophiques, offrent une lecture des plus attrayantes.

Les ouvrages de M. Mariot-Didieux sont au premier rang parmi ceux qui enrichissent notre bibliothèque. Aussi voulons-nous, pour en mieux faire ressortir le mérite, donner ici le sommaire des principaux chapitres :

1° *Gallinoculture*. — De la poule, son antiquité, son utilité, expositions, concours, anatomie. considérations physiologiques, des sensations, voix du coq, voix de la poule. — Choix des races. — Signes extérieurs de la ponte. — Considérations sur les races de poules. — Races françaises, hollandaises. belges, anglaises, espagnoles, italiennes, prussiennes.— Races asiatiques, indiennes, japonaises, indo-chinoises. — Races syriennes, africaines, américaines. — Races de l'Océanie. — Du croisement des races. — Dépenses et produits de la poule. — Du poulailler, de la cour, des œufs. Moyens de reculer, d'augmenter ou d'avancer la ponte. — Fécondation du coq. — Castration ou chaponnage des coqs. — De l'incubation. — Elevage des poulets. — Maladies des poules. — De la saignée. — Pharmacie. — Vente des produits, etc.

2° *L'oie*. — Histoire naturelle. — Races françaises, petite race, grosse race et leurs variétés au nombre de cinq. Races étrangères; elles sont au nombre de douze.— Produits de l'oie, du plumage, de la multiplication, des accouplements, de la ponte, de l'incubation. — Eclosion, nourriture des oisons, nourriture ordinaire des oies. — Logement. — Engraissement. — Foies gras. — Manière de tuer les oies. — Commerce, vente, mégissage des peaux d'oies pour fourrures, — Maladies, hygiène.

3° *Du Canard*. — Histoire naturelle, mœurs. — Races françaises; elles sont au nombre de quatre. — Races étrangères, on en compte onze principales. —

De la ponte. Manière d'augmenter la ponte. — De l'incubation naturelle. — Des canards mulets. — Nourriture et élevage des canetons, engraissement. — Vente des canetons. — Comment on doit tuer le canard. — Du plumage. — Habitation. — Maladies. — Hygiène, etc.

21. — Le **CHASSEUR MÉDECIN**, ou traité complet sur les maladies du chien, par M. Francis CLATER, vétérinaire anglais, traduit de l'anglais sur la 27e édition. 3e édition française, corrigée et augmentée, par M. Mariot-Didieux. 1 vol. 189 pages . . . . 2 fr.

La mention que ce livre a eue en Angleterre (vingt-sept éditions) dispense de tout commentaire Le guide que nous avons placé dans notre Bibliothèque en est la troisième édition française. M. Mariot-Didieux, le savant vétérinaire, en acceptant la révision de cette édition, s'est attaché à supprimer dans le texte original des formules trop compliquées, à en simplifier d'autres et en ajouter de nouvelles. Ainsi entièrement refondu, l'ouvrage est véritablement un traité complet sur les maladies du chien, traité auquel un chapitre sur l'art de mégisser les Peaux pour en faire des tapis sert de complément.

28. — COURTOIS-GÉRARD. Manuel pratique de **CULTURE MARAICHÈRE.** 5e édit., augmenté d'un grand nombre de figures et de plusieurs articles nouveaux. Ouvrage couronné d'une médaille d'or par la Société centrale d'agriculture, d'une grande médaille de vermeil par la Société centrale d'horticulture. 1 vol. 440 pages, 89 figures dans le texte. . . . . 5 fr.

Outre les récompenses honorifiques qui viennent d'être mentionnées, l'auteur de ce manuel a obtenu une attestation qui garantit la valeur de son travail aux yeux du public, en même temps qu'elle constate l'exactitude de ses recherches et l'utilité des notions renfermées dans son ouvrage. Cette attestation émane de vingt-cinq jardiniers maraîchers de la ville de Paris qui, après avoir entendu la lecture du travail de M. Courtois-Gérard, déclarent qu'ils lui donnent toute leur approbation, comme étant conforme aux bonnes méthodes de culture en usage parmi eux, et autorisent l'auteur à le publier sous leur patronage.

Cet ouvrage est officiellement recommandé pour les écoles normales, etc. Cette nouvelle édition a été augmentée d'un chapitre sur la culture des porte-graines et d'un vocabulaire maraîcher.

Table des principaux chapitres :

Marais pour culture de pleine terre. — Marais pour culture de primeurs. — Analyse des terres. — De l'établissement d'un jardin maraîcher. — Engrais et pailles. — Outillage. — Diverses opérations. — La culture des porte-graines. — Destruction des insectes. — Des maladies des plantes. — Calendrier du maraîcher ou travaux manuels. — Vocabulaire du maraîcher.

32-33. — GOBIN (A.), ancien élève de l'École de Grand-Jouan, ancien directeur de la colonie pénitentiaire du Val-d'Yèvres (Cher). Guide pratique pour la **CULTURE DES PLANTES FOURRAGÈRES.** 2 vol., 680 pages avec 120 fig dans le texte, se vendant séparément

1re partie. *Prairies naturelles, pâturages*, avec un appendice reproduisant la loi du 21 juin 1866 sur les associations agricoles. 284 pages avec nombreuses figures. 1 vol. 3 fr.

2e partie. *Prairies artificielles, plantes, racines*, 1 volume 388 pages et 87 figures. . . . . 3 fr.

Les fourrages sont la base de toute culture, et il est admis aujourd'hui, par tous les agriculteurs intelligents, que pour avoir du blé il faut faire des prés. M. Gobin, guidé par sa grande expérience, a voulu rédiger un guide tout pratique indiquant tout ce qui doit être observé pour obtenir les meilleurs résultats et éviter les dépenses inutiles : mais, comme il le dit dans sa préface, si le titre même de son livre lui a fait une loi de se restreindre à la culture des plantes fourragères et de s'abstenir de considérations scientifiques inutiles au but qu'il poursuit, il ne s'est pas interdit les applications pratiques des sciences, en tant qu'elles se rapportent à l'explication des phénomènes ou à l'amélioration des méthodes de culture. « C'est là, en effet, dit-il, ce que nous entendons par la pratique, et non point seulement la routine manuelle, qui consiste à savoir tenir les mancherons de la charrue, charger une voiture de gerbes ou manier la faux, celle-ci suffit à un ouvrier, celle-là est nécessaire au moindre cultivateur intelligent. »

Ce guide peut être considéré comme le résumé des leçons professées avec tant de succès par M. Gobin à l'*Ecole de Grignon.*

---

38. — Reynaud (Joseph), de Nîmes, négociant et manufacturier. Guide pratique de la **CULTURE DE L'OLIVIER**, son fruit et son huile. 1 vol., 300 pages . . . . 4 fr

Le livre de M. Reynaud est le fruit de trente-cinq années de durs travaux, de longues veilles, de nombreux voyages, de recherches patientes, de minutieuses expériences ; aussi les procédés de M. Reynaud n'ont-ils pas tardé à être pratiqués par tous les cultivateurs.

Extrait de la table des matières. — Origines, légendes et traditions de l'olivier. — Emploi, usages des produits de l'olivier. — Limites géographiques. — Description, place dans la nomenclature botanique ; variétés — Meilleures pratiques de culture ; maladies ; insectes. Olives comestibles de table. — Fabrication de l'huile. — Expériences diverses ; rendement ; sels anti-alcalineux. — Statistiques de la production des départements à oliviers.

---

40. — Fleury-Lacoste, président de la Société centrale d'agriculture du département de la Savoie, membre de plusieurs sociétés savantes. Guide pratique du **VIGNERON**, culture, vendange et vinification. 1 volume, 137 p. 3 fr.

M. Fleury-Lacoste est à la fois un homme instruit et un homme pratique. Son *Guide du Vigneron* sera consulté avec fruit, et l'on peut avec confiance en adopter les préceptes. Son Exc. M. le ministre de l'Agriculture, certes plus compétent que nous, vient d'engager M. Fleury-Lacoste à poursuivre ses études en souscrivant à cet excellent petit traité. C'est bien là le meilleur éloge que l'on puisse faire de cet ouvrage.

Dans la première partie, l'auteur donne les principes généraux pour la culture de la vigne basse : culture en ligne, orientation, la taille, le pinçage, les engrais, choix des cépages, 1re, 2e, 3e et 4e années.

La seconde partie, intitulée *Calendrier du Vigneron*, lui indique les travaux qu'il a à faire mensuellement. La culture des hautains sur treillages élevés dans les champs, remplit la troisième partie. — Quatrième partie : Nouvelles observations pratiques sur les phénomènes de la végétation de la vigne. — Cinquième partie : De la vendange et de la vinification : degré de maturité. — Du ban des vendanges. — Personnel. — Le nettoyage et l'écrasement des grains. — La cuve. — Le décuvage. — Enfin l'auteur termine en indiquant les soins à donner aux vins nouveaux et vieux.

41. — Courtois-Gérard, marchand grainier, horticulteur. Manuel pratique de **JARDINAGE**, contenant la manière de cultiver soi-même un jardin ou d'en diriger la culture. 8e édition, 1 vol., 410 pages, 1 planche et de nombreuses figures dans le texte . . . . 5 fr.

Nous renvoyons à la note ci-dessus, accompagnant le *Manuel de culture maraîchère*, pour les titres de M. Courtois-Gérard à la confiance publique. Dans le *Manuel du jardinier*, les jardiniers de profession trouveront des conseils, des détails nouveaux et des renseignements pratiques qu'ils peuvent ignorer ; le propriétaire et l'amateur de jardin y puiseront des instructions précises et claires qui leur éviteront toute espèce de méprises et d'erreurs.

Sommaire des principaux chapitres :

Dispositions générales d'un jardin potager. — Calendrier. — Travaux de chaque mois. — Les outils. — Les défoncements. — Les fumiers. — Les arrosements. — Les couches. — Semis. — Repiquages. — Marcottes. — Boutures. — De la greffe. — De la conservation des plantes. — Les maladies des plantes potagères. — La culture des arbres fruitiers. — La culture des arbres d'agrément. — Destruction des animaux nuisibles, etc.

42. — Koltz (M.-J.), chevalier de l'ordre R. G. D. de la Couronne de chêne, agent des eaux et forêts, etc., etc. Guide pratique de la **CULTURE DU SAULE** et de son emploi en agriculture, notamment dans la création des oseraies et des saussaies, avec un appendice sur la **CULTURE DU ROSEAU**. 1 vol., 144 pages et 35 fig. dans le texte. . 2 fr.

Ce travail a pour objet de faire ressortir les avantages que procure la culture du saule dans les terrains qui lui conviennent, et qui, le plus souvent, ne peuvent être rendus productifs qu'à l'aide de cette essence ; M. Koltz donne donc le moyen de mettre en produit des terrains vagues. Dans certains parages, le roseau commun forme le complément obligé de l'osier ; l'appendice que M. Koltz a consacré à cette plante renferme des détails intéressants, surtout pour les propriétaires de terrains aujourd'hui tout à fait improductifs.

43. — Sicard. Guide pratique de la **CULTURE DU COTONNIER**. 1 vol., 143 p., avec fig. dans le texte. 2 fr.

La culture du cotonnier ne peut convenir qu'à de certaines contrées. M. Sicard, qui l'a expérimentée avec succès et pendant de longues années dans les provinces du Midi et en Algérie, a publié cet ouvrage pour faire profiter le public de l'expérience qu'il avait acquise dans la culture de cet arbrisseau.

L'ouvrage est enrichi de dessins exécutés d'après la photographie et d'une exactitude rigoureuse.

46. — Bourgoin d'Orli (P.-H.-F.). Guide pratique de la **CULTURE DU CAFÉIER ET DU CACAOYER** et de la **FABRICATION DU CHOCOLAT**. 1 vol., 100 pages . . . 2 fr.

Ce que nous disons plus loin pour le **sucre**, il en a été de même pour le caféier et le cacaoyer, cultures pour lesquelles M. Bourgoin d'Orli, par ses longues stations sous les tropiques, a été mis à même d'étudier les différentes méthodes; il a voulu compléter cet ouvrage par un chapitre sur la fabrication du chocolat.

48. — LUNEL (docteur). Guide pratique de l'**ACCLIMATATION DES ANIMAUX DOMESTIQUES**, étude des animaux destinés à l'acclimatation, la naturalisation et la domestication : Animaux domestiques, méthodes de perfectionnement, mammifères, oiseaux, poissons (*Pisciculture*), insectes (vers à soie); précédée de considerations générales sur les climats et de l'Exposé des diverses classifications d'histoire naturelle, etc. 1 volume 188 pages, avec figures dans le texte. . . . . 3 fr.

M. le docteur Lunel a résumé les notions concernant l'acclimatation disséminées dans un grand nombre d'ouvrages volumineux. Ce livre sera consulté avec fruit par toutes les personnes qu'intéresse la grande question de l'acclimatation. Il peut être considéré comme un guide sûr dans les jardins d'acclimatation où sont réunies toutes les races d'animaux indigènes et étrangères. Ce livre donne d'une manière concise et substantielle les notions usuelles nécessaires pour l'étude des animaux destinés à l'acclimatation, la naturalisation et la domestication.

49. — GOBIN (H.). Guide pratique d'**ENTOMOLOGIE AGRICOLE**, et petit traité de la destruction des insectes nuisibles. 1 vol., 279 pag. avec fig. dans le texte. 3 fr.

Ce traité, d'une lecture attrayante, possède un grand fond de science. Il se compose de lettres familières adressées à un nouveau propriétaire rural. Tous les insectes qui s'attaquent aux champs et à leurs produits et aux animaux y sont passés en revue, et, ce qui est mieux encore, l'auteur a indiqué le moyen de se débarrasser de cette engeance envahissante. Le livre est terminé par des nomenclatures scientifiques avec les noms français.

50. — BOURGOIN D'ORLI (P.-H.-F.). — Guide pratique de la **CULTURE DE LA CANNE A SUCRE** ou la sucrerie exotique. 1 vol., 154 pages . . . . 3 fr.

M. Bourgoin d'Orli s'est, pendant de longues années, livré à une étude toute spéciale de la canne à sucre et de sa culture dans plusieurs contrées équatoriales et tropicales. Il a réuni dans ce volume le résultat de son expérience et de ses observations personnelles. La manipulation du sucre est complètement traitée dans cet ouvrage, indispensable aux propriétaires et aux cultivateurs qui veulent mettre en sucreries tout ou partie de leurs possessions dans les colonies.

52. — FRAICHE (Félix), professeur de sciences mathématiques et naturelles. Guide pratique de l'**OSTRÉICULTEUR**, ou Culture des huîtres et procédés d'élevage et de multiplication des **RACES MARINES COMESTIBLES**, histoire naturelle des mollusques et des crustacés. — Causes du

dépeuplement progressif des bancs d'huîtres. — Industrie et procédés actuels. — Construction des claires, parcs, viviers, etc. — Exploitation des claires. — Culture des moules. — Élevage des homards, langoustes, etc. 1 vol., 175 pages, avec figures dans le texte . . . . 4 fr.

Les chemins de fer et la navigation, en diminuant les distances, ont créé pour les races marines comestibles des débouchés qui leur avaient manqué jusqu'alors. De là et d'autres causes que M. Fraiche indique, l'appauvrissement des bancs d'huîtres. L'auteur, qui s'est inspiré des travaux de M. Coste, démontre que l'ostréiculture est une industrie facile à créer et à développer, et qui donne des résultats rémunérateurs à ceux qui savent l'exploiter.

53. — Touchet (J.-H.), chef de service à la compagnie Richer. Richesse de l'agriculture. — Guide pratique de la **VIDANGE AGRICOLE**, à l'usage des agronomes, propriétaires et fermiers. Description de moyens faciles, économiques, salubres et pratiques, de recueillir, de désinfecter et d'employer utilement en agriculture l'engrais humain. 2e édition. 1 volume de 88 pages avec figures . . . . 1 fr.

Ce Guide, en ce qui concerne les vidanges et les différentes manières d'employer l'engrais humain, est le résumé des meilleures méthodes pratiquées actuellement. Les constructeurs, les entrepreneurs, les propriétaires, les fermiers y trouveront tous des indications utiles. M. Touchet enseigne aux agronomes de la grande et de la petite culture des moyens simples et peu coûteux de se procurer de riches fumiers, de précieux engrais, richesses trop souvent négligées et perdues pour l'agriculture.

55. — Pouriau (A.-F.). Manuel du **CHIMISTE-AGRICULTEUR**. 1 vol., 460 pages, 148 figures dans le texte et de nombreux tableaux, suivi d'un appendice. . . . . . 6 fr.

Ce volume forme en quelque sorte le complément de la *Chimie organique* et de la *Chimie inorganique*. Il fait connaître les diverses manipulations qui sont décrites avec un très grand soin. Il contient, en outre, un grand nombre d'indications d'une utilité toute pratique.

L'intention de l'auteur en le publiant a été d'offrir aux personnes qui s'occupent de chimie agricole un guide renfermant la description des méthodes les plus simples à suivre dans l'analyse des divers composés naturels ou artificiels qui sont du domaine de l'agriculture. Désireux de mettre son livre à la portée de tout le monde, l'auteur a toujours eu le soin, dans l'exposé de ses méthodes, d'établir deux catégories d'essais. Les unes essentiellement pratiques et accessibles à tous, et les autres plus exactes et qui exigent une plus grande habitude des manipulations chimiques.

56. — Lerolle (Léon), ancien élève de l'École d'agriculture de Grand-Jouan, membre de la Société d'horticulture de Marseille. Traité pratique et élémentaire de **BOTANIQUE** appliquée à la culture des plantes. 1 vol, VIII-464 p., 108 figures dans le texte . . . . 6 fr.

L'étude de la vie des plantes et celle de leur culture ont pris un grand développement. L'auteur a voulu présenter au lecteur un traité de botanique, simple dans sa forme quoique rigoureusement exact au fond, afin d'instruire le cultivateur sur les phénomènes qui s'accomplissent chaque jour dans ses champs, ses forêts, ses jardins. On surcharge chaque jour le vocabulaire botanique : entre vingt noms différents servant à désigner le même organe, l'auteur a choisi ceux les plus vulgairement connus et s'est bien gardé surtout d'en inventer de nouveaux.

Extrait de la table : De la germination des graines, choix et conservation des graines. De la végétation des plantes, des bourgeons. — Phénomènes souterrains, phénomènes aériens, phénomènes anatomiques de la végétation. — Nutrition des végétaux, nature des substances absorbées par les racines, sécrétion, transpiration. — Agents essentiels de la végétation. — De la reproduction des plantes, du périanthe, des étamines, du pistil, des ovules. — Floraison. — Fécondation. — Fructification. — Granification.

57. — GRIMARD (E.). Manuel de l'**HERBORISEUR**. — Comment on devient botaniste. — Clefs analytiques. — Description des genres et des espèces, suivie d'un vocabulaire. 1 vol., 670 pages. . . . . 5 fr.

Figure spécimen du *Manuel pratique de culture maraîchère.* (Voir page 52.)

Série I

ÉCONOMIE DOMESTIQUE, COMPTABILITÉ, LÉGISLATION, MÉLANGES

1. — DUBIEF (L.-F.). Guide pratique de la **FABRICATION DES VINS FACTICES** et des boissons vineuses en général, ou manière de fabriquer soi-même les vins, cidres, poirés, bières, hydromels, piquettes et toutes sortes de boissons vineuses, par des procédés faciles, économiques et des plus hygiéniques. 1 volume . . 2 fr.

M. Dubief a publié ce petit ouvrage, non seulement pour venir en aide aux personnes économes, mais encore, et plus, pour celles dont l'économie est une nécessité. Si elles suivent les prescriptions qui y sont indiquées, elles peuvent être assurées de bien fabriquer elles-mêmes et avec facilité toutes sortes de vins, bières, cidres, etc. Ainsi, il traite la cuvée des vins de raisin fabriqués avec le marc, avec sirop de sucre, de fécule. — Vin rouge de sucre. — Vin mousseux, de fruits : cerises, prunes, groseilles, etc., etc. — Vins de grains, céréales, etc. — Toutes les formules et les procédés indiqués par l'auteur sont simples et faciles, et il suffit de les avoir lus pour les mettre en pratique.

---

2. — LUNEL (le docteur B.), médecin-chimiste, membre des Académies des sciences de Caen, de Chambéry, etc., ancien professeur de chimie et d'histoire naturelle. Guide pratique d'**ÉCONOMIE DOMESTIQUE**, publié sous forme de dictionnaire, contenant des notions d'une *application journalière* : chauffage, éclairage, blanchissage, dégraissage, préparation et conservation des substances alimentaires, boissons, liqueurs de toutes sortes, cosmétiques, soins hygiéniques, médecine, pharmacie, etc., 1 vol. 227 p. 2 fr.

L'économie domestique, longtemps dédaignée, s'est élevée aujourd'hui au point de devenir elle-même une science. Le Guide de M. le docteur Lunel, sous la forme commode du dictionnaire, constitue une véritable encyclopédie de cette science nouvelle.

3. — GERMINET (Gustave). **LE CHAUFFAGE PAR LE GAZ** considéré dans ses diverses applications, science, industrie et usages domestiques, suivi d'une notice sur les *Moteurs à gaz*. 1 vol. de XV-237 p. avec 126 fig. . . . 4 fr.

EXTRAIT DE LA TABLE DES MATIÈRES. — Chapitre Ier. Historique. — Origine et développement du chauffage par le gaz. — Appréciations sur la chaleur développée par le gaz. — Applications du gaz au chauffage domestique et emploi dans l'industrie. — II. *Nature du gaz;* ses propriétés calorifiques, etc. — III. *Arrivée et distribution du gaz dans les appartements.* — Epreuve des conduits et des appareils. — Alimentation. — Diamètres proportionnels des tuyaux destinés à alimenter des appareils de chauffage. — Tuyaux et raccords pour mobiliser les appareils. — Ventilation des pièces d'habitation. — IV. *Chauffage culinaire.* Description des brûleurs et des appareils. — Emploi du gaz à la cuisson des aliments. — Expérience de cuissons, bouillis et à la casserole. — Rôtisserie des viandes au gaz et au charbon de bois, etc. — V. *Chauffage des pièces d'habitation.* Cheminées. — Foyers à réflecteurs. — Poêles. — Calorifères. — VI *Appareils divers de chauffage au gaz servant aux usages domestiques.* — Appareils de bains. — Brûloir de café. — Etrille brûle-poils. — Etuve et chauffe-assiette. — Fourneaux pour fers à repasser. — Appareils chauffant et éclairant. — VII. *Chauffage industriel.* — Apprêts des tissus. — Chapellerie. — Emaillage et soufflage du verre. — Affinage et fusion des métaux. — Liquoristes, marchands de vins, etc. Pharmaciens. — VIII. *Appareils pour laboratoires.* — Chandelle à mélange d'air. — Réchaud avec bruleur à dosage d'air. — Fourneau pour calcination. — Chalumeaux à souder et appareils à fondre les métaux. — Distillation, etc. — IX. *Production de l'électricité par la combustion du gaz.* — Piles thermo-électriques Clamond. — X. *Les moteurs à gaz.* — Machine à gaz verticale, etc., etc.

---

4. — DUBIEF (L.-F.). Le **LIQUORISTE DES DAMES** ou l'art de préparer en quelques instants toutes sortes de liqueurs de table et des parfums de toilette avec toutes les fleurs cultivées dans les jardins, suivi de procédés très simples et expérimentés pour mettre les fruits à l'eau-de-vie, faire des liqueurs et des ratafias, des vins de dessert, mousseux et non mousseux, des sirops rafraîchissants, etc., volume 120 pages, avec figures dans le texte . . . 3 fr.

Ce que nous avons dit des précédents ouvrages de M. Dubief nous dispense de nous étendre sur celui-ci. C'est aux dames qu'il s'est adressé, et l'accueil qu'il en a obtenu prouve suffisamment combien il est utile dans toute bibliothèque de ménage.

---

5. — HIRTZ (Elisa). Méthode de **COUPE ET DE CONFECTION DE VÊTEMENTS DE FEMMES ET D'ENFANTS.** — Travaux à aiguille usuels. — Cours de couture en blanc. — Raccommodage. — Méthode de **TRICOT.** — Art de la coupe et de la confection en général. 1 vol. de 297 pages avec 154 figures . . . . 3 fr. 50

6. — Dufréné (H.), ingénieur civil, ancien élève de l'École des arts et manufactures. — Les droits des **INVENTEURS EN FRANCE ET A L'ÉTRANGER.** Conseils généraux. — Brevets d'invention. — Péremption. — Vente. — Licences. — Exploitation. — Géographie industrielle. — Marques de fabrique. — Dessins. — Objets d'utilité. 1 volume de 108 pages . . . . 3 fr.

---

7. — Émion (Victor). — **LA LIBERTÉ ET LE COURTAGE DES MARCHANDISES,** commentaire pratique de la loi du 18 juillet 1866. 1 volume, 142 pages . . . . 2 fr.

---

9. — Lescure (O.), professeur à l'École centrale d'architecture. — **TRAITÉ DE GÉOGRAPHIE** physique, ethnographique et historique à l'usage des artistes, des écoles d'architecture et des gens du monde, 1 vol., 351 p. . 3 fr.

Ce traité est le développement du programme de géographie sur lequel sont interrogés les candidats à l'École spéciale d'architecture. C'est un ouvrage adopté aujourd'hui pour toutes les écoles professionnelles.

---

12. — Émion (Victor), avocat à la cour de Paris, ancien sous-préfet. — Manuel pratique et juridique des **EXPROPRIÉS POUR CAUSE D'UTILITÉ PUBLIQUE,** suivi de deux tableaux donnant le chiffre de la valeur du mètre de terrain dans Paris, et faisant connaître les principales indemnités accordées aux industriels, négociants et commerçants expropriés. 1 volume, 125 pages. . . . . 1 fr.

Ce manuel est un résumé des règles pratiques que les expropriés ont intérêt à connaître pour se diriger dans la défense de leurs droits. En étudiant ce manuel, les expropriés sauront qu'avant de se présenter devant le jury, ils n'ont que peu ou point de formalités à remplir et *pas de frais* à débourser. Ils y apprendront encore qu'en général les traités souscrits d'avance avec des intermédiaires ne sont *habituellement* avantageux *que pour ceux qui contractent avec l'exproprié.*

Les tableaux de la valeur du mètre dans les différents arrondissements de Paris et des principales indemnités accordées par le jury offrent un très grand intérêt pour les propriétaires et les locataires.

---

13. — Baude (L.). **CALLIGRAPHIE.** — Cours d'écriture avec 32 planches. 1 vol. . . . . 5 fr.

Sommaire : Objets et instruments nécessaires pour écrire. — Formes et variante de l'écriture anglaise. — De la manière de tenir la plume. — Principes généraux de l'écriture anglaise. — Des différentes grosseurs d'écriture. — Majuscules. — Minuscules. — Chiffres. — De l'expédiée ou cursive anglaise. — Des écritures fortes : Bâtarde, Coulée, Ronde et Gothique. — *De l'emploi dans l'écriture des accents, de la ponctuation et autres signes.*

14. — LUNEL (Victor). Guide pratique d'**HYGIÈNE ET DE MÉDECINE USUELLE**, complété par le traitement du *choléra épidémique*. 1 vol. 209 pages. . . . . 2 fr.

Ce livre ne s'adresse à aucune spécialité de lecteurs et convient à tout le monde. Il se subdivise en hygiène privée et en hygiène publique. Dans la première partie, l'auteur examine dans quelle mesure l'homme qui veut conserver sa santé doit, selon son âge, sa constitution et les circonstances dans lesquelles il se trouve, user des choses qui l'environnent et de ses propres facultés, soit pour ses besoins, soit pour ses plaisirs. Dans la seconde, il s'occupe de tout ce qui concerne la salubrité publique. Un chapitre spécial est consacré à la médecine des accidents.

16. — D'OMALLIUS D'HALLOY (le baron J.). Manuel pratique d'**ETHNOGRAPHIE**, ou description des races humaines; les différents peuples, leurs caractères naturels, leurs caractères sociaux, divisions et subdivisions des différentes races humaines. 5e édition. 1 volume, 127 p., avec une planche coloriée représentant les principaux types. . . . . 4 fr.

Après avoir exposé les principes généraux de l'ethnographie, l'auteur décrit les races, rameaux, familles et peuples que l'on distingue dans le genre humain. Le *Manuel d'ethnographie* est terminé par des tableaux synoptiques représentant les diverses divisions, avec l'indication approximative de la force de chaque peuple et de la distribution des familles dans les cinq parties de la terre. Cet ouvrage est accompagné de nombreuses notes dans lesquelles l'auteur discute les diverses questions sur lesquelles il ne partage pas les opinions de la plupart des ethnographes.

Extrait de la table des matières. — De l'ethnographie en général. — De la race blanche. — Du rameau européen, du rameau arménien, du rameau scytique. — De la race brune, du rameau éthiopien, du rameau indou, du rameau indochinois, du rameau malais. — De la race rouge, du rameau hyperboréen, du rameau mongol, du rameau sinique. — De la race noire. — Des hybrides. — Tableaux de la division du genre humain en races, rameaux, familles et peuples.

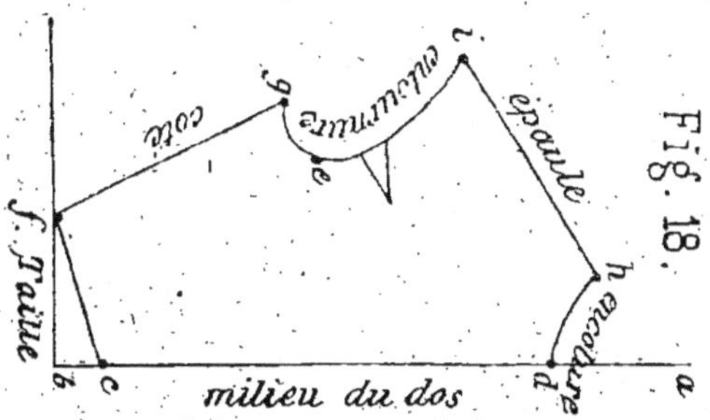

Figure spécimen de la *Méthode de Coupe*, par Elisa Hirtz. (Voir page 59.)

Série J

FONCTIONS POLITIQUES ET ADMINISTRATIVES
EMPLOIS DE L'ÉTAT, DÉPARTEMENTAUX ET COMMUNAUX, SERVICES PUBLICS

1. — MORTIMER D'OCAGNE. **LES GRANDES ÉCOLES DE FRANCE.** Écoles militaires, écoles civiles. 1 vol. 3 fr.

---

2. — MORTIMER D'OCAGNE. **LE CHOIX D'UNE CARRIÈRE.** 1 vol. (*En préparation.*)

---

3. — ALBIOT (J.) (*Code départemental.*) **MANUEL DES CONSEILLERS GÉNÉRAUX.** Loi organique des conseillers généraux, avec les commentaires officiels, suivie de la loi prévoyant le cas où l'Assemblée nationale viendrait à être dissoute par la force et autorisant les conseils généraux à se réunir pour prendre en mains les pouvoirs législatifs. 1 vol. de 152 pages . . . . 4 fr.

Cet ouvrage peut être considéré comme un aide-mémoire à l'aide duquel les personnes notables appelées, en qualité de conseillers généraux, à discuter les intérêts de leur département, trouveront de nombreux renseignements relatifs à la législation qu'ils auront à appliquer.

Figure spécimen de la *Calligraphie*, par L. Baude. (Voir page 60.)

Série K

BEAUX-ARTS, DÉCORATION, ARTS GRAPHIQUES

1. — **INTRODUCTION A L'ÉTUDE DES BEAUX-ARTS.** 1 vol. (*En préparation.*)

2. — VIOLLET-LE-DUC. **COMMENT ON DEVIENT UN DESSINATEUR.** 1 vol. avec figures. (*Sous presse.*)

3. — PELLEGRIN (V.), peintre. Théorie pratique de la **PERSPECTIVE.** Étude à l'usage des artistes peintres, des élèves des Écoles des beaux-arts, des Écoles industrielles, etc. 1 vol. de 90 pages, 42 fig. et une planche in-folio en chromo à deux teintes contenant 16 fig.. . . 4 fr.

SOMMAIRE DES PRINCIPAUX CHAPITRES. — Avis de l'éditeur. — Préliminaires. — De la grandeur des figures dans un tableau. — Des figures plus grandes que nature ou de la grandeur naturelle. — Des figures placées sur un terrain plus ou moins élevé. — De la distance. — Du point de vue. — Du point de fuite principal. — Du tracé perspectif des lignes de fond. — Vues de fond. — Vues accidentelles. — Enoncé des règles. — Appendice. — Notions et définitions de la géométrie. — Des angles. — Des polygones. — Des triangles. — Quadrilatères. — Du cercle. — Inscrire un carré dans un cercle. — Des solides. — Problèmes, etc., etc.

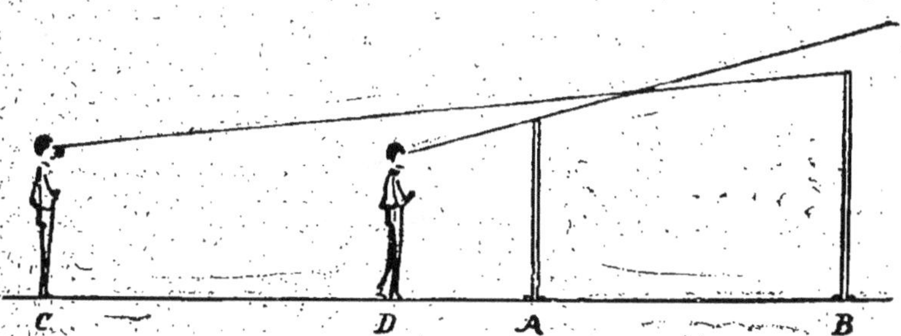

Figure spécimen de *Comment on devient dessinateur*.

TABLE DES NOMS D'AUTEURS

PAR ORDRE ALPHABÉTIQUE

Paris. — [illegible] 54 bis, r. du Four.

www.ingramcontent.com/pod-product-compliance
Lightning Source LLC
Chambersburg PA
CBHW072345200326
41519CB00015B/3662

* 9 7 8 2 0 1 1 3 1 9 3 4 0 *